ADSON VASCONCELOS

MATEMÁTICA
× FÁCIL ÷

MULTIPLICAÇÃO E DIVISÃO

BICHO ESPERTO

EXPEDIENTE

Fundador	**Italo Amadio** *(in memoriam)*
Diretora Editorial	**Katia F. Amadio**
Editor	**Eduardo Starke**
Autor	**Adson Vasconcelos**
Ilustrações	**Ilustra Cartoon**
Diagramação	**Rui Stüpp**
Revisão	**Patrícia Harumi**

Dados Internacionais de Catalogação na Publicação (CIP)
Angélica Ilacqua CRB-8/7057

```
Vasconcelos, Adson
    Matemática fácil : multiplicação e divisão / Adson
Vasconcelos ; ilustrações de Ilustra Cartoon. -- São Paulo :
Rideel, 2022.
    (Coleção matemática fácil)

ISBN 978-65-5738-708-5

1. Matemática (Ensino fundamental) I. Título II. Ilustra Cartoon
III. Série

22-4544                                    CDD 510.07
                                           CDU 510
```

Índices para catálogo sistemático:

1. Matemática (Ensino fundamental)

© 2023 - Todos os direitos reservados à

EDITORA RIDEEL — **BICHO ESPERTO** — **ABDR** EDITORA AFILIADA

Av. Casa Verde, 455 – Casa Verde
CEP 02519-000 – São Paulo – SP
e-mail: sac@rideel.com.br
www.editorarideel.com.br

Proibida a reprodução total ou parcial desta obra, por qualquer meio ou processo, especialmente gráfico, fotográfico, fonográfico, videográfico, internet. Essas proibições aplicam-se também às características de editoração da obra. A violação dos direitos autorais é punível como crime (art. 184 e parágrafos, do Código Penal), com pena de prisão e multa, conjuntamente com busca e apreensão e indenizações diversas (artigos 102, 103, parágrafo único, 104, 105, 106 e 107, incisos I, II e III, da Lei nº 9.610, de 19-2-1998, Lei dos Direitos Autorais).

APRESENTAÇÃO

Os livros da **Coleção Matemática Fácil** foram cuidadosamente elaborados para ajudá-lo a realizar diferentes descobertas matemáticas.

A Matemática está presente nas atividades cotidianas de todos nós e é essencial para a vida em sociedade. Ela é usada quando calculamos qual é o dobro de uma quantidade, quantos reais há em 3 notas de 20 reais, quantos ovos há em uma caixa com 4 dúzias, em quantos pedaços podemos dividir uma pizza ou quantas porções dá um bolo...

Neste livro, você dará os primeiros passos no aprendizado de duas operações básicas, a **multiplicação** e a **divisão**, e desenvolverá habilidades matemáticas que usará por toda a sua vida ao participar de diferentes práticas que envolvem essas operações matemáticas.

Vamos começar logo essa aventura pelo universo da Matemática? Então, vire esta página e faça ótimas descobertas.

Bons estudos!

Adson Vasconcelos

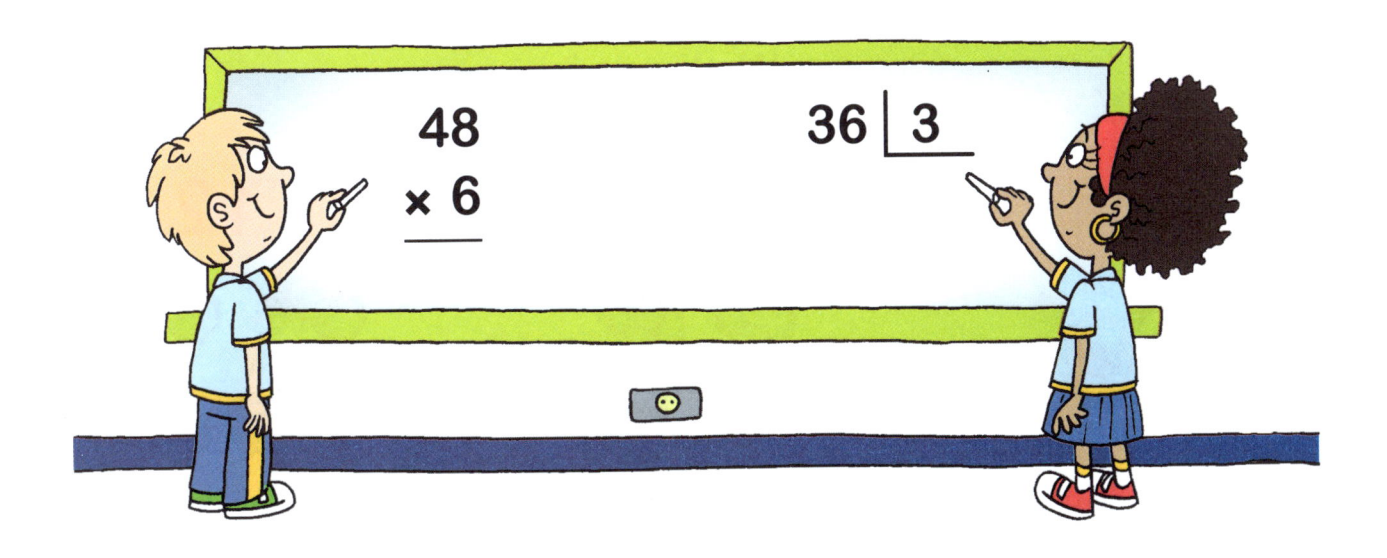

Adson Vasconcelos é habilitado em Magistério para o Ensino Fundamental (Anos Iniciais) e Educação Infantil, Licenciado em Letras e em Pedagogia, Mestre em Linguística e Análise do Discurso. Foi professor e coordenador da área de Língua Portuguesa na rede pública e privada e é autor de diversos livros didáticos e pedagógicos.

A MULTIPLICAÇÃO

Leia e reflita acerca da seguinte situação:

> Gílson comprou 4 pacotes de pirulitos. Sabendo que cada pacote contém 3 pirulitos, quantos pirulitos Gílson comprou no total?

Para resolver essa questão, podemos realizar duas operações matemáticas diferentes. Veja:

adição

3 + 3 + 3 + 3 = 12

Na **adição**, para obter o total, somamos todas as quantidades de pirulitos.

multiplicação

3 × 4 = 12

Na **multiplicação**, para obter o total, multiplicamos a quantidade de pirulitos (3) pelas vezes que se repete (4).

Observe que, em ambas as operações, obtivemos o mesmo resultado, porém, o cálculo da **multiplicação** é mais simplificado e mais rápido de realizar do que o da adição.

A **multiplicação** é uma operação básica da Matemática utilizada para representar de forma simplificada a adição repetida de números iguais.

■ Termos da multiplicação

Os termos da **multiplicação** recebem estes nomes:

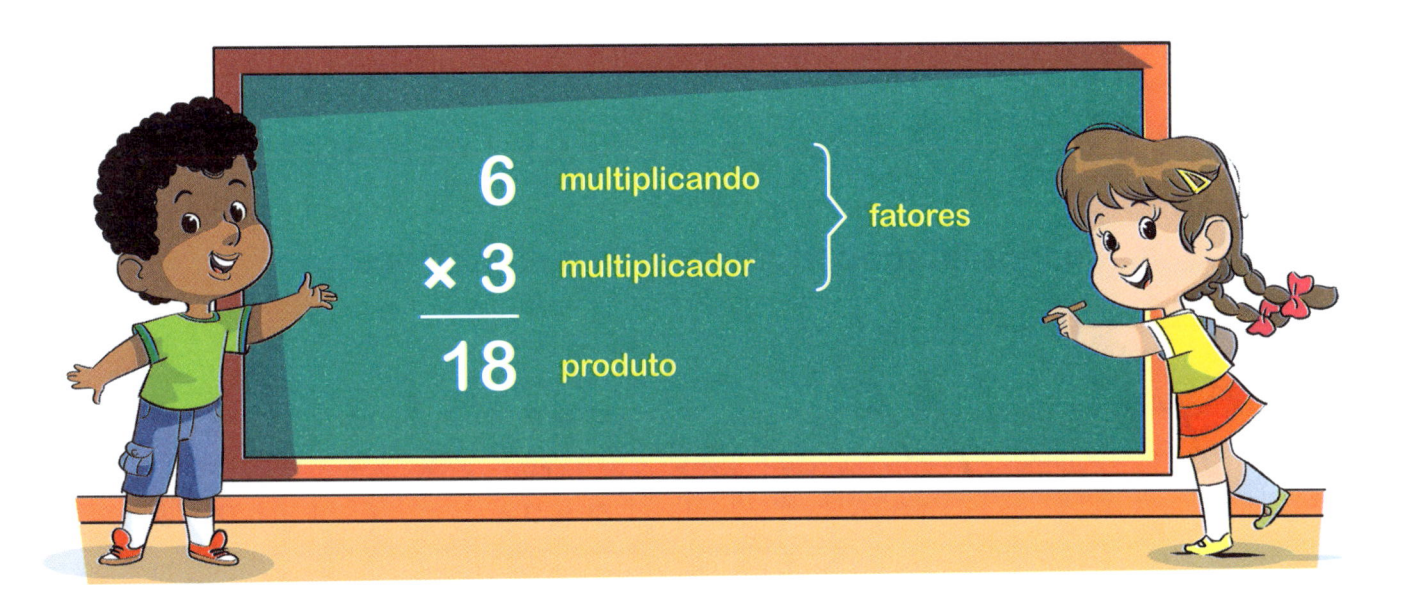

```
    6    multiplicando  ⎤
  × 3    multiplicador  ⎦ fatores
  ―――
   18    produto
```

O **multiplicando** e o **multiplicador** são chamados de **fatores** e o resultado da multiplicação é chamado de **produto**.

■ Cálculo da multiplicação

- ☑ O sinal usado na **multiplicação** × é chamado de **vezes**.
- ☑ A ordem de cálculo na **multiplicação** é da direita para a esquerda. Primeiro, multiplicamos a unidade, depois a dezena e assim por diante.
- ☑ Na **multiplicação**, podemos trocar os fatores de posição que o resultado continuará o mesmo: 6 × 3 ou 3 × 6 têm o mesmo resultado: **18**. Isso indica que a ordem dos fatores **não altera** o produto.

A IDEIA DE MULTIPLICAR

1. Observe a figura abaixo e responda ao que se pede.

a) Quantos conjuntos há acima? _____
b) Quantas cerejas há em cada conjunto? _____
c) Quantas cerejas há no total? _____
d) Marque a **multiplicação** correspondente à figura.

☐ 3 × 3 =   ☐ 2 × 2 =   ☐ 3 × 4 =   ☐ 2 × 3 =

2. Marque a **multiplicação** representada na figura abaixo.

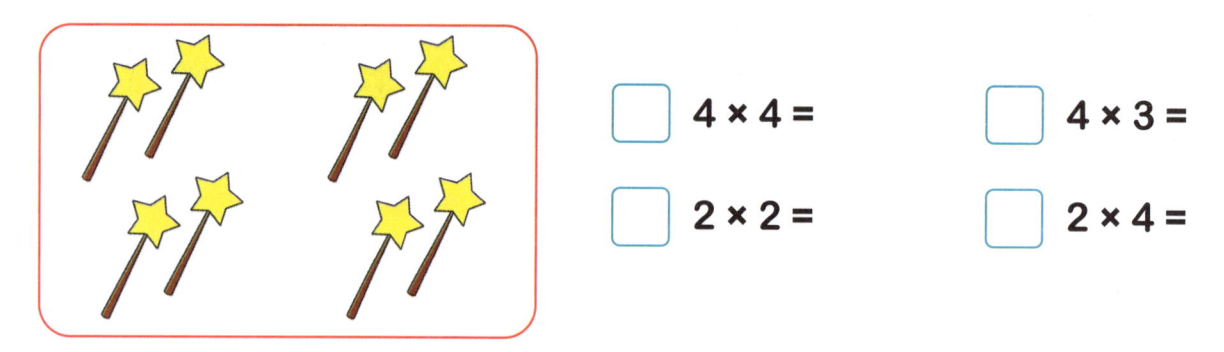

☐ 4 × 4 =   ☐ 4 × 3 =

☐ 2 × 2 =   ☐ 2 × 4 =

3. Escreva a **multiplicação** a que esta figura corresponde, incluindo o resultado.

4. Observe a figura abaixo e responda ao que se pede.

a) Qual adição representa a cena acima? Marque-a.

☐ 5 + 5 + 5 + 5 + 5 =   ☐ 5 + 5 + 5 =

☐ 3 + 3 + 3 + 3 + 3 =   ☐ 3 + 5 + 3 =

b) Marque as **multiplicações** referentes à cena acima.

☐ 3 × 5 =   ☐ 3 × 3 =   ☐ 5 × 3 =   ☐ 3 × 4 =

5. Observe a multiplicação proposta no quadro abaixo e circule o dado que representa o resultado correspondente.

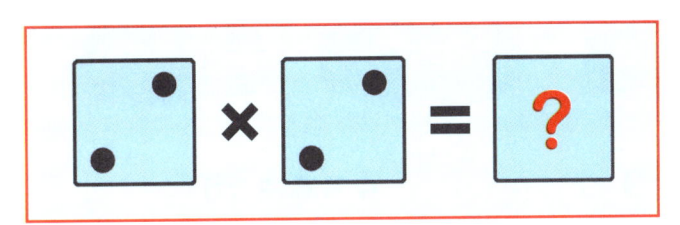

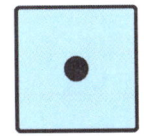

6. Qual destas adições **não** pode ser representada na forma de **multiplicação**?

☐ 8 + 8 + 8   ☐ 9 + 9 + 9 + 9

☐ 6 + 6 + 6 + 6   ☐ 7 + 7 + 4 + 7 + 5

7

7. Marque a **multiplicação** correspondente a cada figura.

☐ 3 × 4 =
☐ 2 × 3 =
☐ 2 × 4 =

☐ 4 × 5 =
☐ 2 × 5 =
☐ 4 × 2 =

☐ 3 × 4 =
☐ 3 × 6 =
☐ 3 × 3 =

8. Sabendo que cada galinha está chocando 3 ovos, qual **multiplicação** corresponde à quantidade total de ovos?

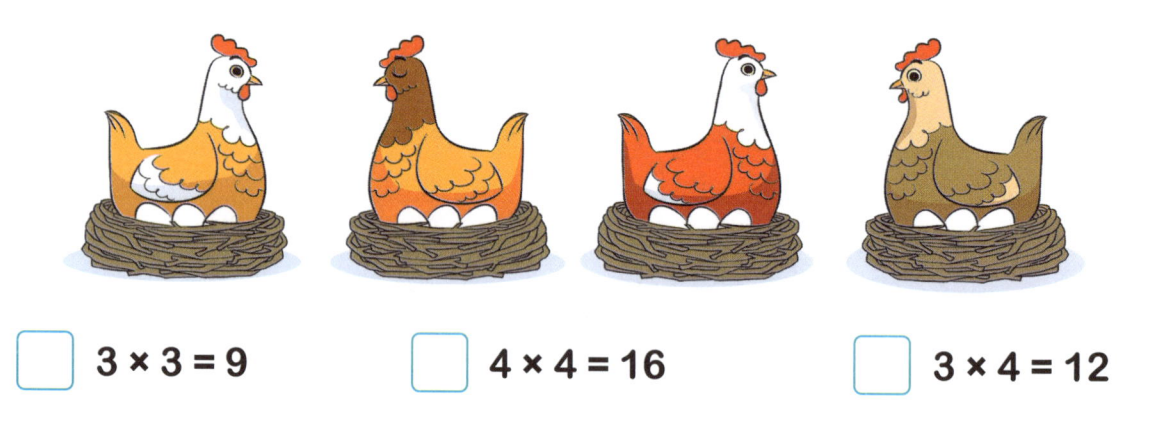

☐ 3 × 3 = 9   ☐ 4 × 4 = 16   ☐ 3 × 4 = 12

9. Escreva a **multiplicação** a que esta figura corresponde.

☐ × ☐ = ☐

10. Faça como no exemplo: em cada item, apresente a adição e a **multiplicação** correspondente.

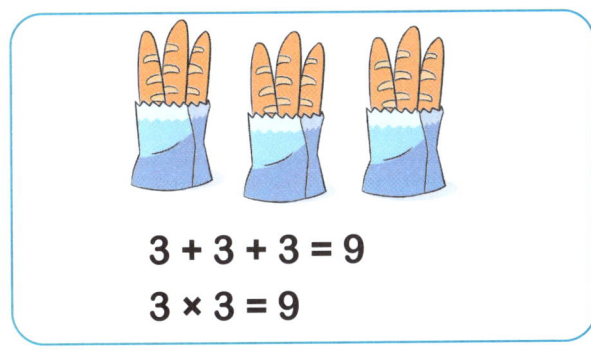

3 + 3 + 3 = 9
3 × 3 = 9

11. Leonel comprou 6 envelopes com 4 figurinhas em cada um. Quantas figurinhas ele comprou no total?

12. Em uma chácara, há 3 patas. Cada pata tem 6 filhotes. No total, quantos patinhos há na chácara?

APRENDENDO A TABUADA

A **tabuada** é uma representação em forma de tabela com multiplicações básicas, organizadas, geralmente, do **0** ao **10**. Memorizá-la nos ajuda na resolução de cálculos matemáticos do dia a dia.

TABUADA DO 1
- 0 × 1 = 0
- 1 × 1 = 1
- 2 × 1 = 2
- 3 × 1 = 3
- 4 × 1 = 4
- 5 × 1 = 5
- 6 × 1 = 6
- 7 × 1 = 7
- 8 × 1 = 8
- 9 × 1 = 9
- 10 × 1 = 10

TABUADA DO 2
- 0 × 2 = 0
- 1 × 2 = 2
- 2 × 2 = 4
- 3 × 2 = 6
- 4 × 2 = 8
- 5 × 2 = 10
- 6 × 2 = 12
- 7 × 2 = 14
- 8 × 2 = 16
- 9 × 2 = 18
- 10 × 2 = 20

TABUADA DO 3
- 0 × 3 = 0
- 1 × 3 = 3
- 2 × 3 = 6
- 3 × 3 = 9
- 4 × 3 = 12
- 5 × 3 = 15
- 6 × 3 = 18
- 7 × 3 = 21
- 8 × 3 = 24
- 9 × 3 = 27
- 10 × 3 = 30

TABUADA DO 4
- 0 × 4 = 0
- 1 × 4 = 4
- 2 × 4 = 8
- 3 × 4 = 12
- 4 × 4 = 16
- 5 × 4 = 20
- 6 × 4 = 24
- 7 × 4 = 28
- 8 × 4 = 32
- 9 × 4 = 36
- 10 × 4 = 40

TABUADA DO 5
- 0 × 5 = 0
- 1 × 5 = 5
- 2 × 5 = 10
- 3 × 5 = 15
- 4 × 5 = 20
- 5 × 5 = 25
- 6 × 5 = 30
- 7 × 5 = 35
- 8 × 5 = 40
- 9 × 5 = 45
- 10 × 5 = 50

TABUADA DO 6
- 0 × 6 = 0
- 1 × 6 = 6
- 2 × 6 = 12
- 3 × 6 = 18
- 4 × 6 = 24
- 5 × 6 = 30
- 6 × 6 = 36
- 7 × 6 = 42
- 8 × 6 = 48
- 9 × 6 = 54
- 10 × 6 = 60

TABUADA DO 7
- 0 × 7 = 0
- 1 × 7 = 7
- 2 × 7 = 14
- 3 × 7 = 21
- 4 × 7 = 28
- 5 × 7 = 35
- 6 × 7 = 42
- 7 × 7 = 49
- 8 × 7 = 56
- 9 × 7 = 63
- 10 × 7 = 70

TABUADA DO 8
- 0 × 8 = 0
- 1 × 8 = 8
- 2 × 8 = 16
- 3 × 8 = 24
- 4 × 8 = 32
- 5 × 8 = 40
- 6 × 8 = 48
- 7 × 8 = 56
- 8 × 8 = 64
- 9 × 8 = 72
- 10 × 8 = 80

TABUADA DO 9
- 0 × 9 = 0
- 1 × 9 = 9
- 2 × 9 = 18
- 3 × 9 = 27
- 4 × 9 = 36
- 5 × 9 = 45
- 6 × 9 = 54
- 7 × 9 = 63
- 8 × 9 = 72
- 9 × 9 = 81
- 10 × 9 = 90

TABUADA DO 10
- 0 × 10 = 0
- 1 × 10 = 10
- 2 × 10 = 20
- 3 × 10 = 30
- 4 × 10 = 40
- 5 × 10 = 50
- 6 × 10 = 60
- 7 × 10 = 70
- 8 × 10 = 80
- 9 × 10 = 90
- 10 × 10 = 100

O **zero** é elemento nulo na multiplicação, pois, como se nota acima, qualquer número multiplicado por zero resulta em zero.

1. Continue a completar as roletas com o resultado das **tabuadas** do **1** e do **2**.

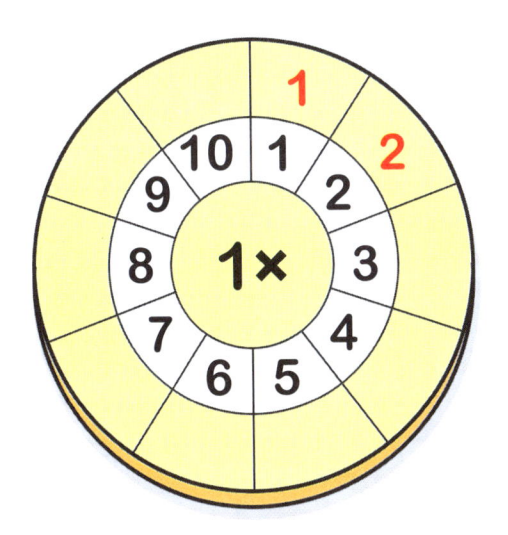

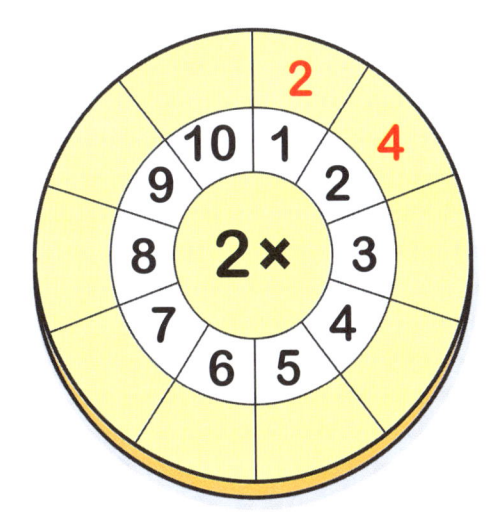

2. Continue a escrever os resultados das **tabuadas** do **3** ao **5**.

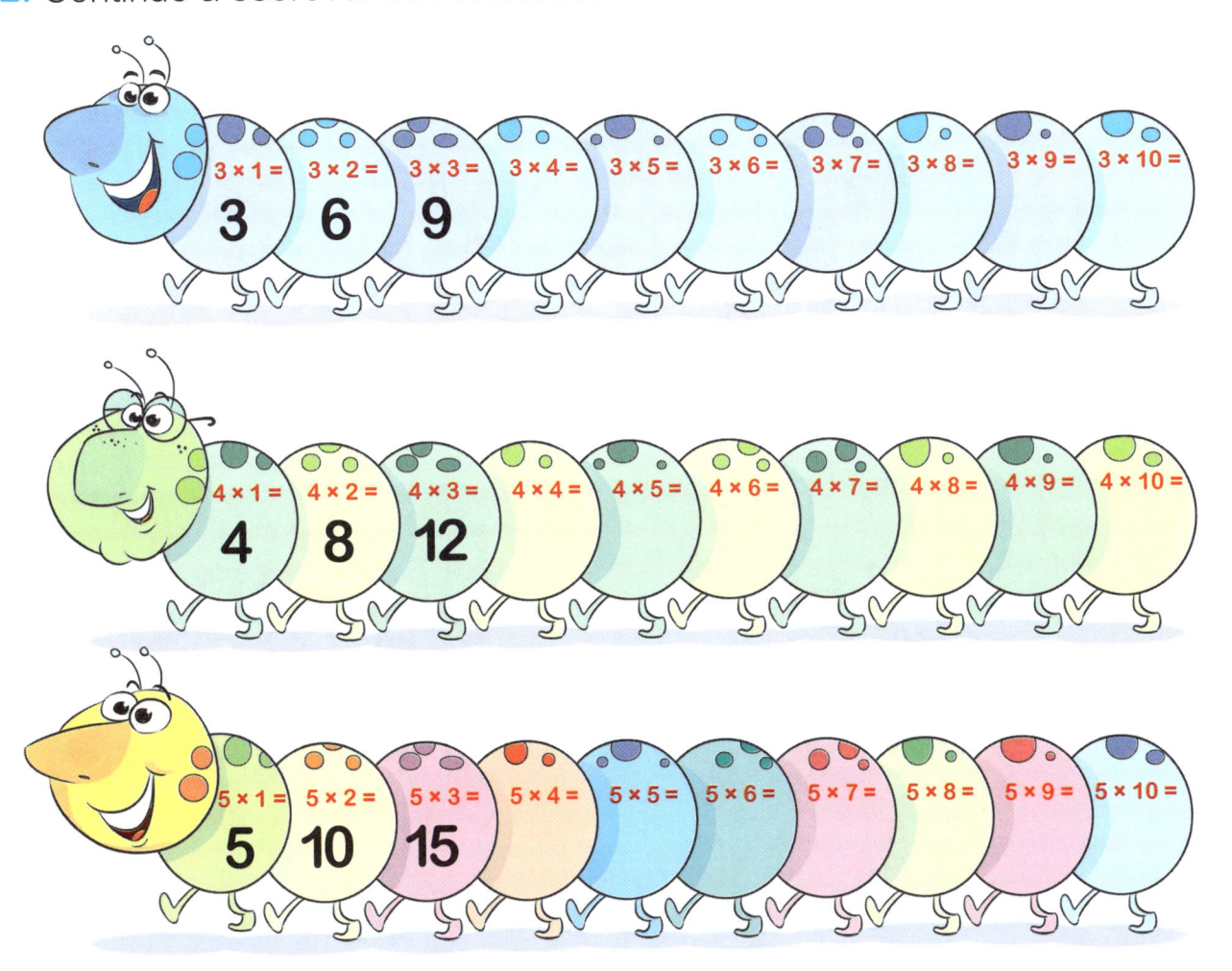

| 3 × 1 = **3** | 3 × 2 = **6** | 3 × 3 = **9** | 3 × 4 = | 3 × 5 = | 3 × 6 = | 3 × 7 = | 3 × 8 = | 3 × 9 = | 3 × 10 = |

| 4 × 1 = **4** | 4 × 2 = **8** | 4 × 3 = **12** | 4 × 4 = | 4 × 5 = | 4 × 6 = | 4 × 7 = | 4 × 8 = | 4 × 9 = | 4 × 10 = |

| 5 × 1 = **5** | 5 × 2 = **10** | 5 × 3 = **15** | 5 × 4 = | 5 × 5 = | 5 × 6 = | 5 × 7 = | 5 × 8 = | 5 × 9 = | 5 × 10 = |

3. Pinte cada sentença da **tabuada** do **6** com a mesma cor que aparece no resultado correspondente.

6 × 3 =
6 × 8 =
6 × 1 =
6 × 10 =
6 × 6 =
6 × 5 =
6 × 9 =
6 × 2 =
6 × 7 =
6 × 4 =

6 12 18 24 30 36 42 48 54 60

4. Complete com os resultados das **tabuadas** do **7** ao **10**.

7× — 7, 14, 21
8× — 8, 16
9× — 9
10×

12

5. Complete esta tabela de **tabuadas**. Para isso, **multiplique** o número da linha vertical pelo número da linha horizontal.

✘	0	1	2	3	4	5	6	7	8	9	10
0	0										0
1		1								9	
2			4						16		
3				9				21			
4					16		24				
5						25					
6					24		36				
7				21				49			
8			16						64		
9		9								81	
10	0										100

Lembre-se:
Qualquer que seja o número **multiplicado** por **0** resultará em **zero**.
Qualquer número multiplicado por **1** resultará no próprio número.

6. Continue a apresentar o resultado de cada **multiplicação**.

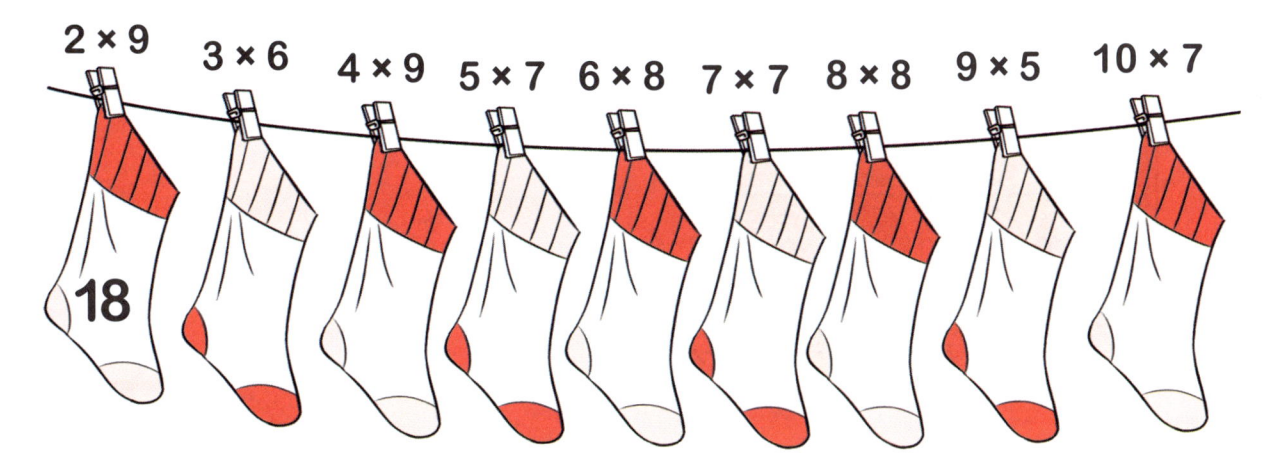

2 × 9 = 18
3 × 6
4 × 9
5 × 7
6 × 8
7 × 7
8 × 8
9 × 5
10 × 7

APLICANDO A TABUADA

1. Apresente a **multiplicação**, incluindo o resultado, que representa a quantidade de bananas a seguir.

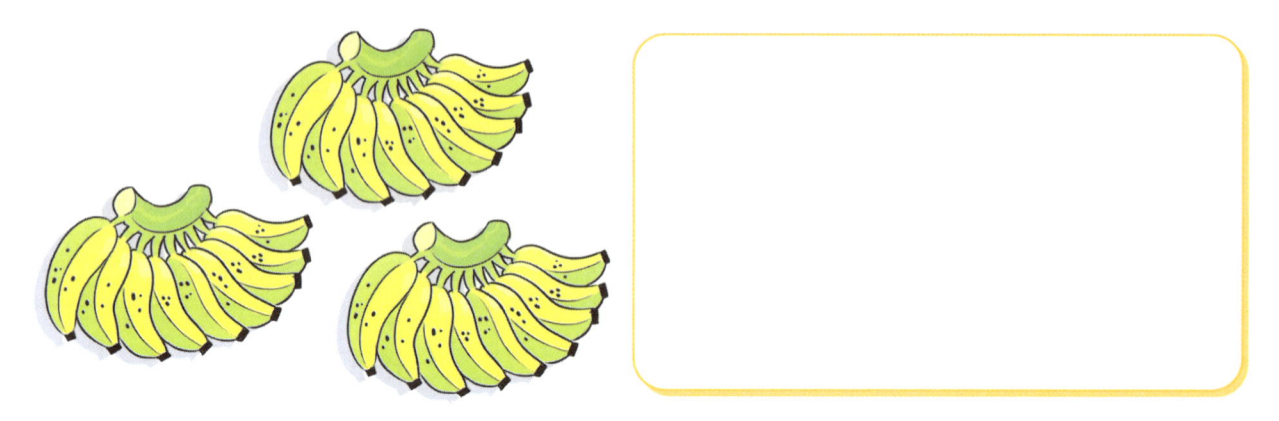

2. Marque a **multiplicação** referente à quantidade de canetas.

☐ 2 × 7 = 14   ☐ 2 × 8 = 16   ☐ 2 × 9 = 18

3. Nesta caixa, há 4 compartimentos, contendo 4 bombons em cada um. Por meio da **multiplicação**, indique quantos bombons, no total, há na caixa.

4. Nesta sala de aula, há 5 fileiras com 7 carteiras cada uma. Usando a **multiplicação**, indique a quantidade total de carteiras.

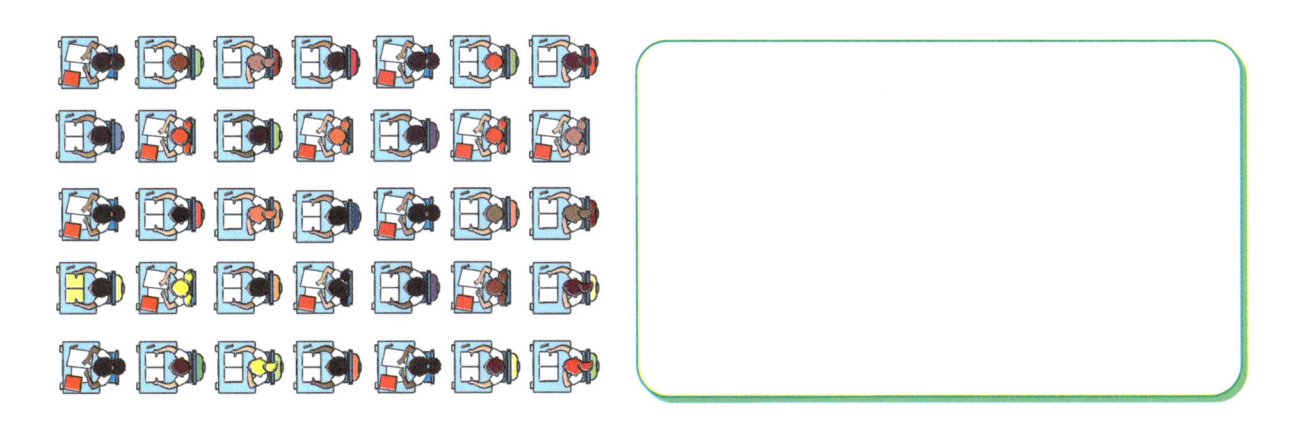

5. Para uma festa, foram compradas 9 bandejas, contendo 8 brigadeiros em cada uma. Usando a **multiplicação**, indique quantos bombons foram comprados no total.

6. Calcule mentalmente e responda.

a) Um violão tem 6 cordas. Quantas cordas há em 8 violões?

_____

b) Um triciclo tem 3 rodas. Quantas rodas há em 9 triciclos?

_____

c) Um escorpião tem 8 patas. Quantas patas têm 7 escorpiões?

_____

7. Observe a cena. Depois, arme e efetue a **multiplicação** que representa a quantidade total de pastéis.

8. Pinte cada parte da cena de acordo com o resultado das **multiplicações** propostas.

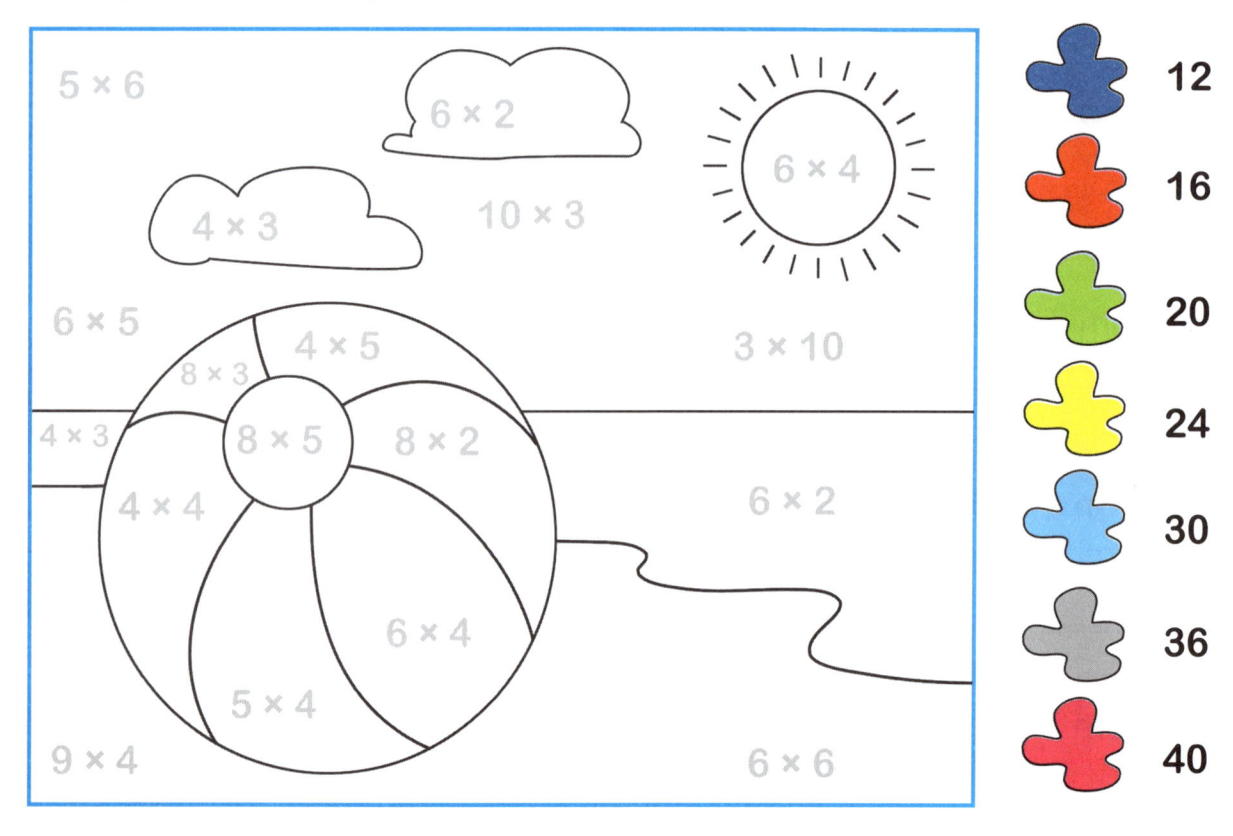

🟦	12
🟥	16
🟩	20
🟨	24
🟦	30
⬜	36
🟥	40

9. Pinte as flores conforme o resultado de cada **multiplicação**.

- 9 × 7
- 6 × 9
- 7 × 6
- 8 × 7
- 5 × 9

| 42 | 45 | 54 | 56 | 63 |

10. Siga o tracejado e anote o resultado de cada **multiplicação** no lugar certo.

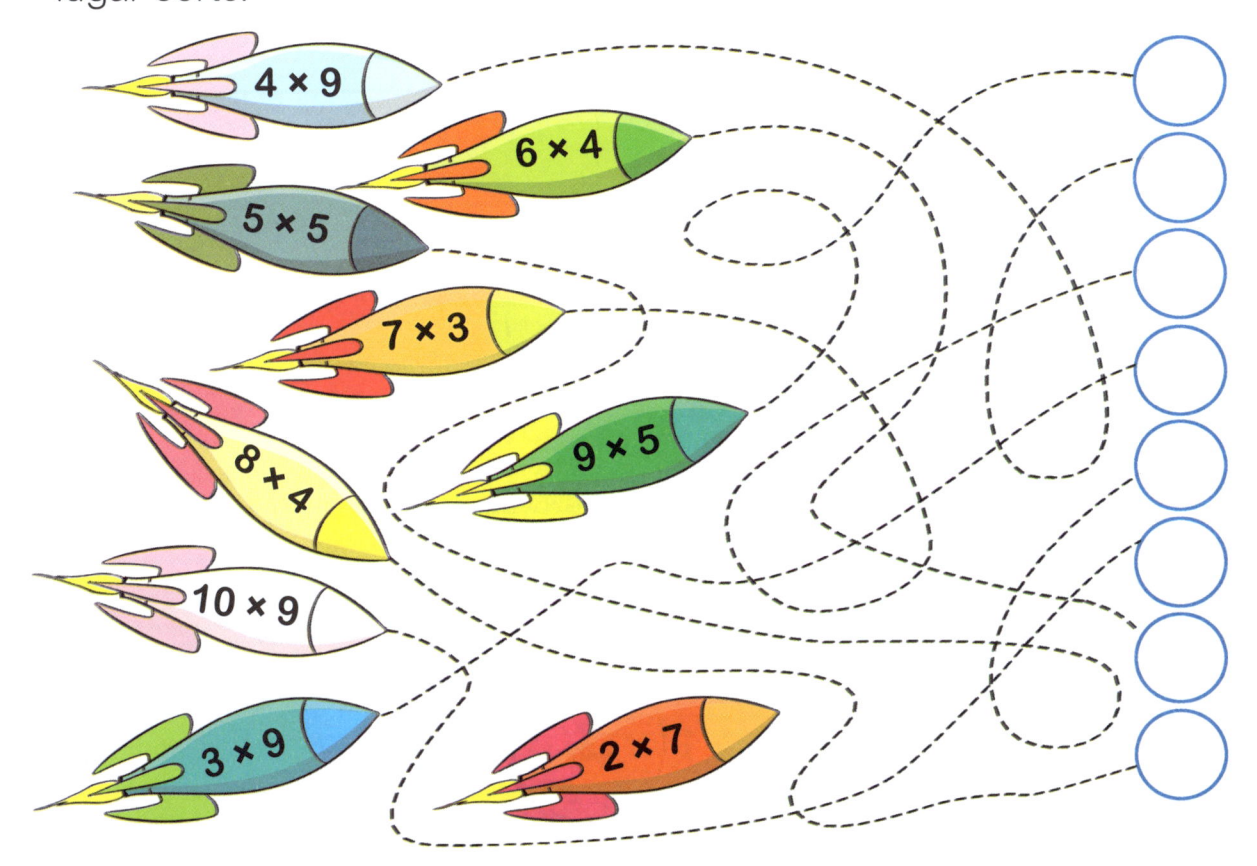

- 4 × 9
- 6 × 4
- 5 × 5
- 7 × 3
- 8 × 4
- 9 × 5
- 10 × 9
- 3 × 9
- 2 × 7

NUMERAIS MULTIPLICATIVOS

> **Dobro** (2×), **triplo** (3×), **quádruplo** (4×), **quíntuplo** (5×) etc. são **numerais multiplicativos**. Eles fazem referência ao número de vezes que uma determinada quantidade foi multiplicada.

1. Desenhe o **dobro** e o **triplo** de flores do primeiro vaso.

   dobro   triplo

2. No aquário da Milena, há 4 peixinhos e, no aquário da Sônia, há o **quádruplo**. Quantos peixes há no aquário da Sônia?

3. Continue a apresentar o **dobro** do número à esquerda.

   1   2   4   ◯   ◯

4. Em uma chácara, há 4 galos e o **quíntuplo** de galinhas. Quantas são as galinhas nesta chácara?

5. Dênis juntou 5 reais em um cofrinho. Daniel juntou o **dobro** desta quantia e Denise, o **triplo**. Quanto reais tem cada um?

Dênis	Daniel	Denise
5 reais	reais	reais

6. Continue a completar esta tabela.

Número	Dobro	Triplo	Quádruplo	Quíntuplo	Sêxtuplo
6	12				
7		21			
8			32		
9				45	
10					60
100					

MULTIPLICAÇÃO DE DEZENAS E CENTENAS POR UNIDADE (SEM RESERVA)

1. Escreva os números ocultos em cada **multiplicação**.

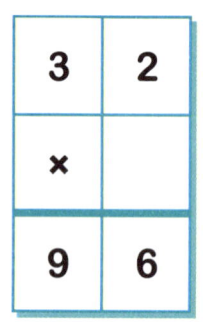

3	2
×	
9	6

6	5
×	
6	5

2	1
×	4

×	2
6	8

	×	3
6	3	6

1	3	4
	×	2

2	0	2
	×	
8	0	8

2	3	0
	×	3

2. Arme e efetue cada **multiplicação** a seguir.

21 × 4 =

43 × 2 =

302 × 3 =

3. Flávio vai comprar 5 pacotes de arroz a 21 reais cada. Quanto ele gastará no total?

4. Circule o produto desta **multiplicação**.

213 × 3 =

693   936   369   639

5. Pedro comprou 4 caixas de ovos contendo 12 ovos em cada caixa. Quantos ovos Pedro comprou no total?

6. Pinte o alvo que contém o resultado desta **multiplicação**.

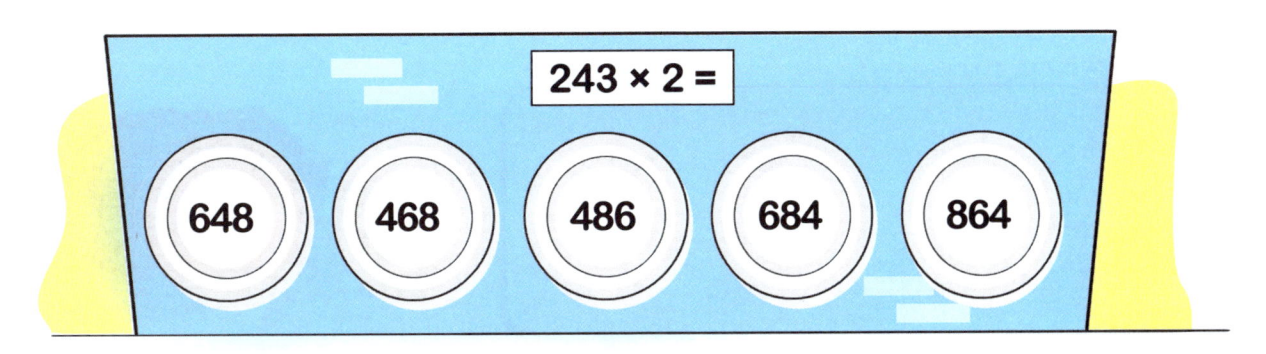

243 × 2 =

648   468   486   684   864

MULTIPLICAÇÃO POR 10, 100, 1.000...

Para multiplicar um número por 10, 100, 1.000..., basta acrescentar à direita do número a quantidade de zeros do multiplicador. Exemplos:

2 × 1**0** = 2**0** (multiplicação por 1**0**, acréscimo de **um** zero)

2 × 1**00** = 2**00** (multiplicação por 1**00**, acréscimo de **dois** zero)

2 × 1.**000** = 2.**000** (multiplicação por 1.**000**, acréscimo de três zeros)

1. Se uma caixa é comercializada com 12 garrafas de suco, quantas garrafas, no total, virão em 10 caixas?

2. Adriana tem 10 notas de 5 reais na carteira. No total, quantos reais ela tem na carteira?

3. Se em um caixote cabem 100 laranjas, quantas laranjas caberão em 7 caixotes?

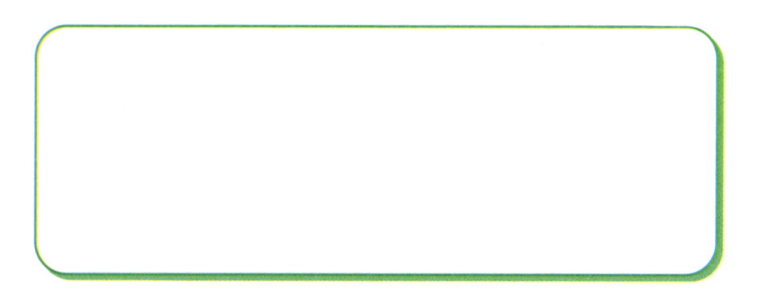

4. Para construir um muro, Ari fez 10 fileiras com 10 tijolos em cada. Ao todo, quantos tijolos foram usados?

5. Em um jogo, cada ficha colorida corresponde aos pontos indicados a seguir. Calcule a pontuação destes participantes e circule o nome de quem venceu o jogo, obtendo mais pontos.

🔵 10   🔴 100   🟡 1.000

Ricardo

CORES	TOTAL DE FICHAS	PONTUAÇÃO POR COR
🔵	35	
🔴	15	
🟡	6	
PONTUAÇÃO FINAL		

Maria

CORES	TOTAL DE FICHAS	PONTUAÇÃO POR COR
🔵	28	
🔴	10	
🟡	9	
PONTUAÇÃO FINAL		

Guilherme

CORES	TOTAL DE FICHAS	PONTUAÇÃO POR COR
🔵	27	
🔴	15	
🟡	5	
PONTUAÇÃO FINAL		

6. Efetue mentalmente cada operação e anote o resultado.

a) 27 × 10 = _____

b) 33 × 10 = _____

c) 256 × 10 = _____

d) 5 × 100 = _____

e) 83 × 100 = _____

f) 429 × 100 = _____

g) 597 × 100 = _____

h) 6 × 1.000 = _____

i) 61 × 1.000 = _____

j) 785 × 1.000 = _____

✖ MULTIPLICAÇÃO POR NÚMERO EXATO, TERMINADO EM ZERO

> Para os casos de números exatos em que o multiplicador termine em zero, mas seja diferente de **10**, **100**, **1.000**..., multiplica-se o multiplicador pelo multiplicando e acrescenta-se a quantidade de zeros do multiplicador. Exemplo: **2 × 200 = 400**.

1. Por um serviço prestado em sua oficina mecânica, Raul recebeu 3 notas de 200 reais. Quanto Raul recebeu no total?

2. Hoje, Luciano completou um álbum de 60 páginas com 9 figurinhas por página. No total, quantas figurinhas Luciano colou no álbum?

3. Em uma escola, há 22 salas e em cada sala há 30 carteiras. No total, quantas carteiras há nesta escola?

4. Calcule e anote as quantidades solicitadas.

a) Se em uma caixa há 45 limões, quantos limões há em 20 caixas?
_____

b) Uma peça de tecido tem 8 metros. Quantos metros têm 30 peças desse mesmo tecido? _____

c) Uma caixa vem com 12 ovos. Quantos ovos vêm em 50 caixas?
_____

5. Realize mentalmente e anote o resultado.

×	10	20	30	40	50	60	70	80	90
2	20								
3		60							
4			120						
5				200					
6					300				
7						420			
8							560		
9								720	
10									900

×	100	200	300	400	500	600	700	800	900	1.000
2	200									
3		600								
4			1.200							
5				2.000						
6					3.000					
7						4.200				
8							5.600			
9								7.200		
10									9.000	10.000

MULTIPLICAÇÃO COM REAGRUPAMENTO

Sempre que o produto resultante da multiplicação de dois números exceder 9, fazemos o **reagrupamento** (ou **reserva**) na próxima ordem à esquerda. Veja:

```
 D   U
 ¹
 1   5
 ×   3
 ─────
     5
```

AO MULTIPLICAR A UNIDADE, TEMOS 3 × 5 = 15 (1 DEZENA E 5 UNIDADES).

COLOCAMOS O 5 NA CASA DA UNIDADE E LEVAMOS O 1, DA DEZENA, PARA A ORDEM DAS DEZENAS RESERVANDO-O.

```
 D   U
 ¹
 1   5
 ×   3
 ─────
 4   5
```

EM SEGUIDA, MULTIPLICAMOS A CASA DA DEZENA E A ELA SOMAMOS A DEZENA RESERVADA. PORTANTO:
3 × 1 = 3 + 1 = 4

1. Realize estas **multiplicações**.

- 24 × 4
- 85 × 3
- 36 × 8
- 23 × 7

2. Eduardo comprou 4 livros a 28 reais cada um. Qual foi o custo total da compra?

3. Cada um dos 35 alunos de uma sala doou 5 gibis para a gibeteca da escola. Qual foi o total de gibis doados?

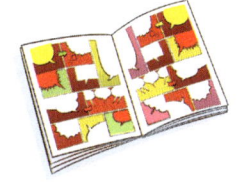

4. Se em um álbum cabem 9 figurinhas por página, quantas figurinhas caberão nas 18 páginas que o álbum tem?

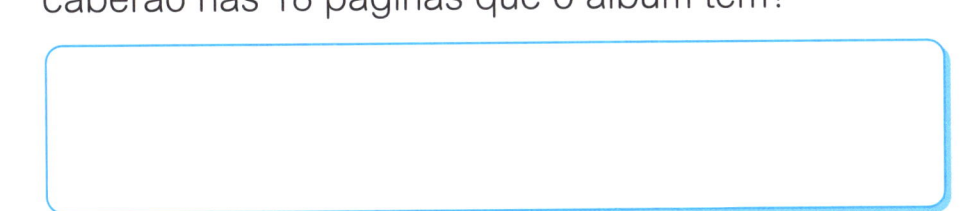

5. Efetue essas **multiplicações** com reagrupamento.

A

C	D	U
1	6	4
	×	4

B

C	D	U
2	7	4
	×	4

C

C	D	U
2	6	8
	×	3

D

C	D	U
3	5	3
	×	2

E

C	D	U
1	2	6
	×	4

F

C	D	U
1	5	9
	×	3

DOIS OU MAIS DÍGITOS NO MULTIPLICADOR

1. Realize estas **multiplicações**.

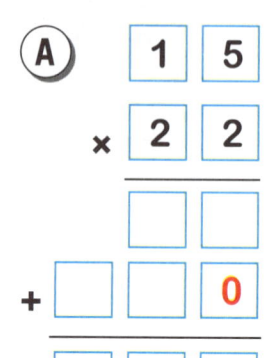

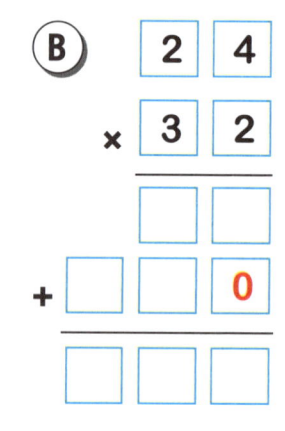

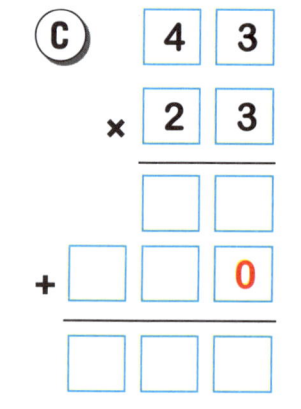

A)
```
    1 5
  × 2 2
  -----
    □ □
+ □ □ 0
-------
  □ □ □
```

B)
```
    2 4
  × 3 2
  -----
    □ □
+ □ □ 0
-------
  □ □ □ □
```

C)
```
    4 3
  × 2 3
  -----
    □ □
+ □ □ 0
-------
  □ □ □ □
```

> Antes de multiplicar a dezena do multiplicador pelo multiplicando, colocamos um zero embaixo da casa das unidades, pois, na verdade, estamos multiplicando por 10.

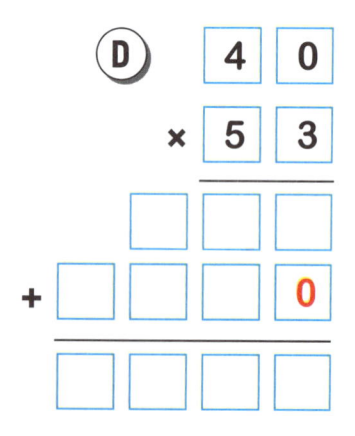

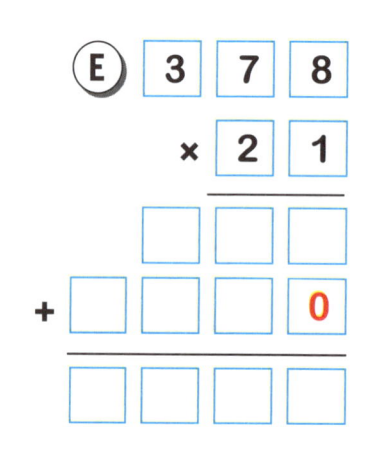

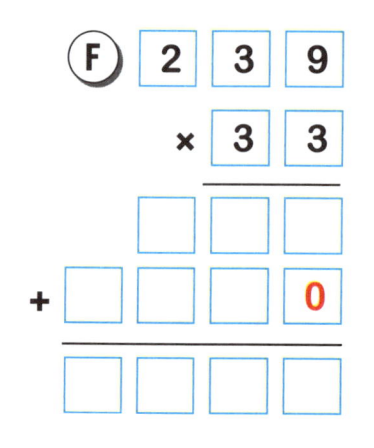

D)
```
    4 0
  × 5 3
  -----
    □ □
+ □ □ 0
-------
  □ □ □ □
```

E)
```
  3 7 8
  ×  2 1
  ------
  □ □ □
+ □ □ □ 0
---------
  □ □ □ □
```

F)
```
  2 3 9
  ×  3 3
  ------
  □ □ □
+ □ □ □ 0
---------
  □ □ □ □
```

2. Faça cada cálculo em uma folha à parte. Depois, pinte o resultado com a mesma cor da **multiplicação**.

92 × 34 =	7.150
77 × 23 =	3.618
35 × 42 =	1.771
134 × 27 =	3.128
325 × 22 =	1.470

3. Leve a borboleta à flor, realizando as **multiplicações** propostas e anotando o resultado no círculo seguinte.

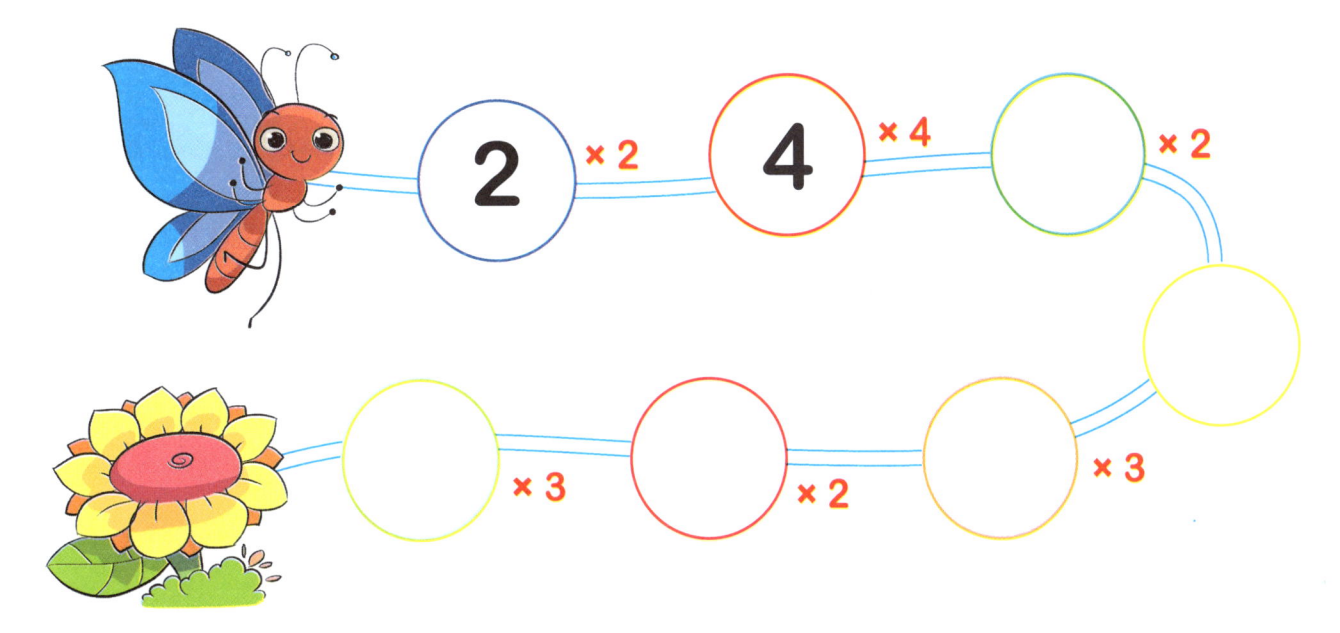

2 ×2 → 4 ×4 → ◯ ×2 → ◯
◯ ×3 ← ◯ ×2 ← ◯ ×3 ← ◯

4. Em cada item, circule o resultado correspondente.

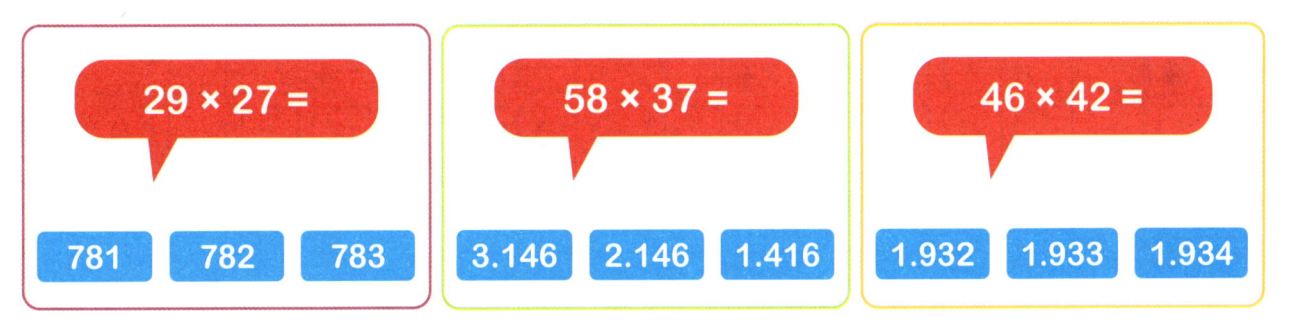

29 × 27 =
781 782 783

58 × 37 =
3.146 2.146 1.416

46 × 42 =
1.932 1.933 1.934

5. Realize estas **multiplicações**.

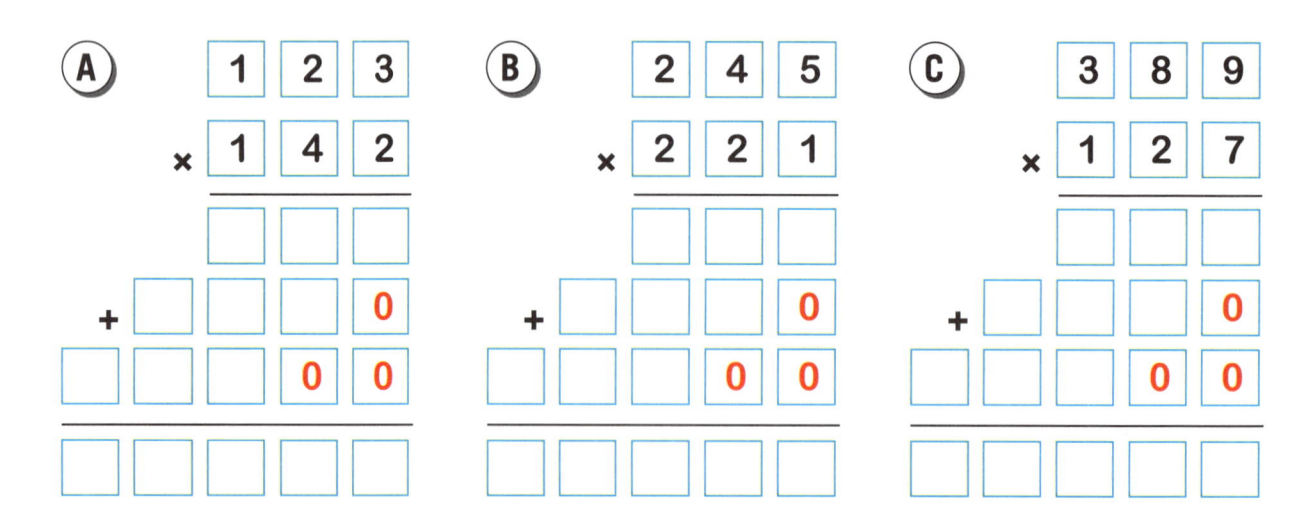

A)
```
      1 2 3
  ×   1 4 2
  ─────────
     □ □ □
  + □ □ □ 0
  □ □ □ 0 0
  ─────────
  □ □ □ □ □
```

B)
```
      2 4 5
  ×   2 2 1
  ─────────
     □ □ □
  + □ □ □ 0
  □ □ □ 0 0
  ─────────
  □ □ □ □ □
```

C)
```
      3 8 9
  ×   1 2 7
  ─────────
     □ □ □
  + □ □ □ 0
  □ □ □ 0 0
  ─────────
  □ □ □ □ □
```

Antes de multiplicar a centena do multiplicador pelo multiplicando, colocamos dois zeros embaixo da direita para a esquerda, pois, na verdade, estamos multiplicando por 100.

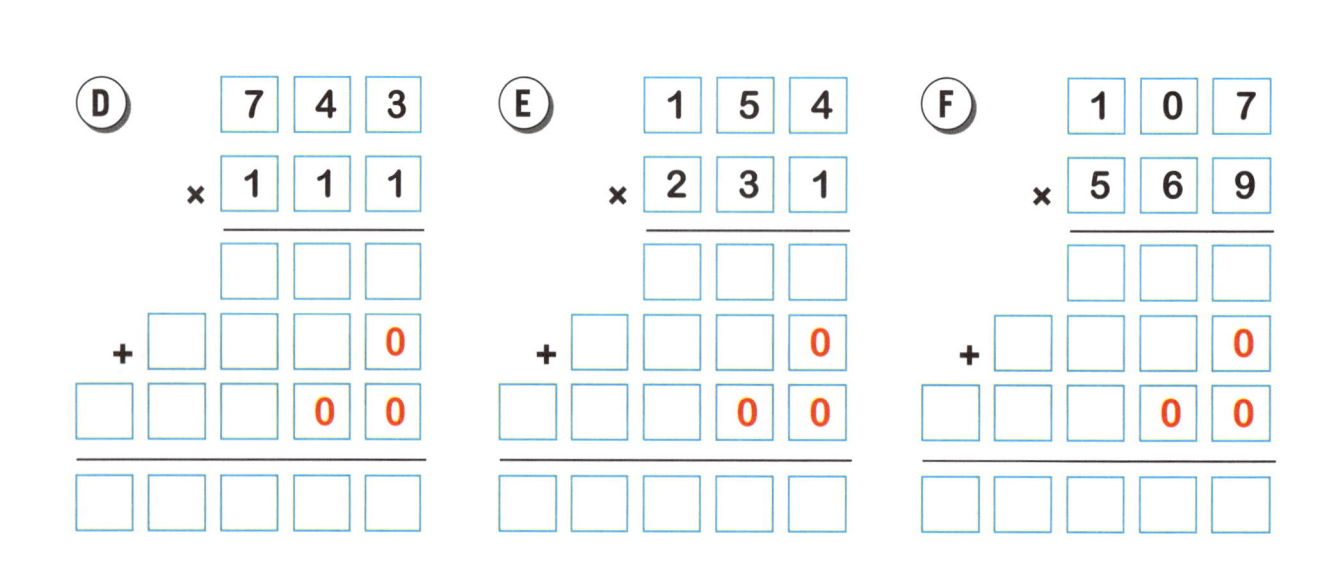

D)
```
      7 4 3
  ×   1 1 1
  ─────────
     □ □ □
  + □ □ □ 0
  □ □ □ 0 0
  ─────────
  □ □ □ □ □
```

E)
```
      1 5 4
  ×   2 3 1
  ─────────
     □ □ □
  + □ □ □ 0
  □ □ □ 0 0
  ─────────
  □ □ □ □ □
```

F)
```
      1 0 7
  ×   5 6 9
  ─────────
     □ □ □
  + □ □ □ 0
  □ □ □ 0 0
  ─────────
  □ □ □ □ □
```

6. Um automóvel percorre 14 quilômetros com um litro de gasolina. Quantos quilômetros ele percorrerá com 35 litros?

7. Complete cada **multiplicação** com a parte que falta.

(A)
```
      6 6
  ×   9 5
  -------
      3 3 0
  + 5 9 4 0
  ---------
```

(B)
```
      8 7 1
  ×     3 6
  ---------
      5 2 2 6
  +
  -----------
      3 1 3 5 6
```

(C)
```
      2 4 5
  ×     8 7
  ---------
  + 1 9 6 0 0
  -----------
    2 1 3 1 5
```

8. Ari usou a calculadora para **multiplicar** 165 × 178. Qual resultado ele obteve?

9. Um clube de futebol comprará 84 camisetas a 65 reais. Qual será o custo total da compra?

÷ A DIVISÃO

Leia e reflita sobre a seguinte situação:

> Vovó Alice preparou 12 deliciosos cupcakes para dividir igualmente entre seus 3 netinhos. Quantos cupcakes ela dará a cada neto?

A operação matemática que usamos para resolver essa situação é a **divisão**. Veja como ficou a partilha:

Vovó Alice dividiu 12 doces em 3 partes. Desse modo, cada criança recebeu a mesma quantidade de cupcakes. Essa situação é representada pela sentença: $12 \div 3 = 4$, a qual se lê: "doze dividido por três é igual a quatro".

> A **divisão** é uma operação básica da Matemática que está associada à ideia de **dividir**, **repartir**, **partilhar**, **fracionar**, **distribuir**. O sinal da **divisão** é $\div$ ou $:$.

Termos da divisão

Os termos da **divisão** recebem estes nomes especiais:

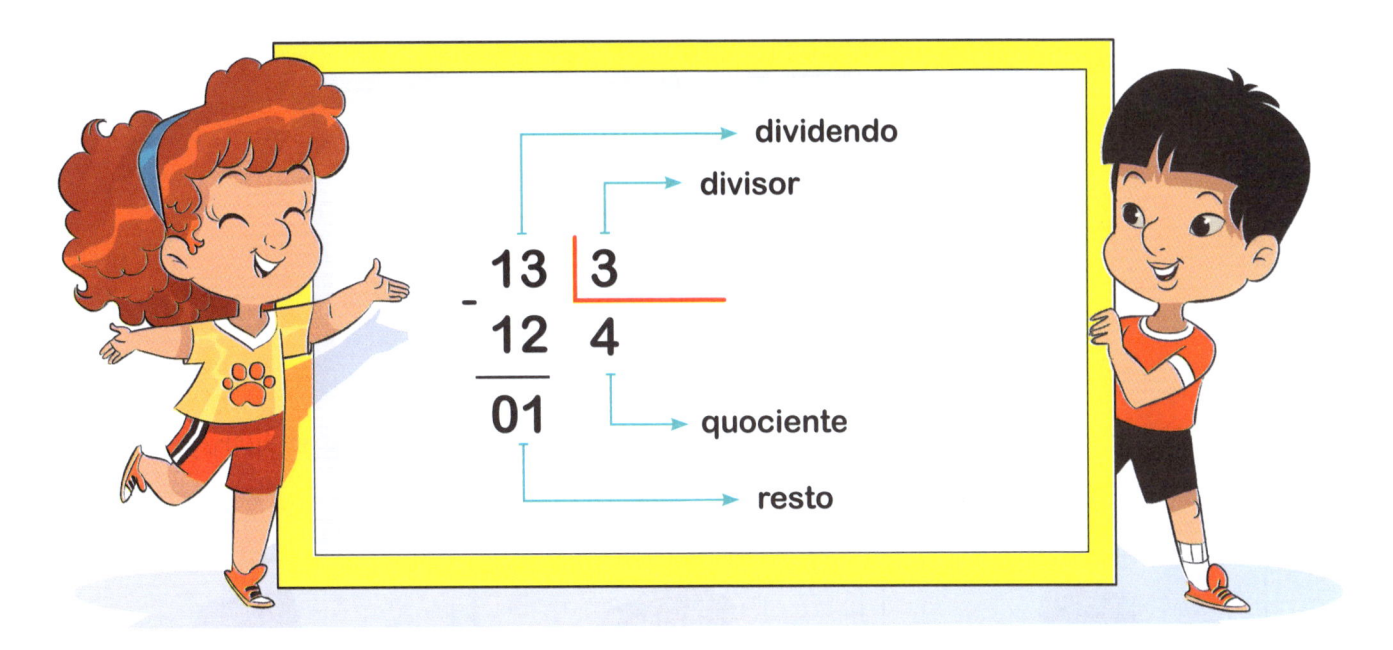

```
 13 | 3
-12   4
 ‾‾
 01
```

- dividendo: 13
- divisor: 3
- quociente: 4
- resto: 01

Observe que o número a ser dividido é chamado **dividendo**, o número pelo qual o dividendo será dividido é chamado de **divisor**, o resultado da divisão é chamado de **quociente** e a quantidade restante da divisão é chamada de **resto**. Ao armarmos uma divisão, usamos a chave, que é o sinal destacado em vermelho na cena acima.

Cálculo da divisão

- ☑ A **divisão** é a operação inversa à **multiplicação**. Desse modo, para realizá-la é essencial o domínio da multiplicação.

- ☑ Na operação acima, buscamos um número que, multiplicado por 3, resulte em 13. Como 3 não é múltiplo de 13, o mais próximo é o 4 que, multiplicado por 3, resulta em 12.

- ☑ Subtraindo 12 (resultado da multiplicação 4 × 3) do dividendo 13, obtemos o resto 1. Isso significa que a divisão é **inexata**.

> A divisão é **exata** quando, ao final do cálculo, não houver resto igual ou maior que 1. Havendo resto, a divisão é **inexata**.

A IDEIA DE DIVIDIR

1. Forme três conjuntos com a mesma quantidade de ovelhas circulando cada grupo com uma cor diferente dos demais.

2. Ana distribuiu 9 bombons igualmente entre seus três sobrinhos. Desenhe os bombons que cada criança recebeu.

3. Forme 3 grupos com a mesma quantidade de participantes. Para isso, circule cada grupo de crianças.

4. Puxe fios e distribua as cerejas igualmente entre os bolos.

5. Lídia está criando enfeites para uma festa, unindo 4 balões. Ela dispõe da seguinte quantidade de balões.

a) Circule os balões, formando grupos de 4 elementos.
b) Quantos enfeites ela conseguirá formar? _____

6. Puxe fios e distribua igualmente os balões entre as crianças.

÷ TABUADAS DA DIVISÃO

1. Pinte conforme o resultado das **divisões** da **tabuada** do **1**.

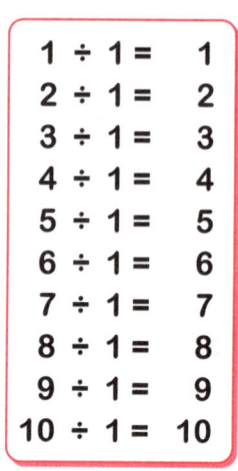

1 ÷ 1 =	1
2 ÷ 1 =	2
3 ÷ 1 =	3
4 ÷ 1 =	4
5 ÷ 1 =	5
6 ÷ 1 =	6
7 ÷ 1 =	7
8 ÷ 1 =	8
9 ÷ 1 =	9
10 ÷ 1 =	10

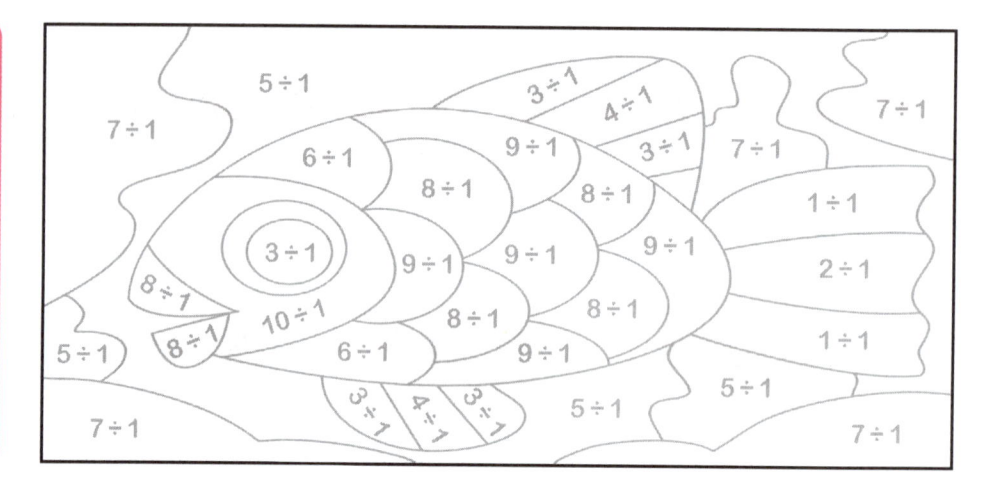

1   2   3   4   5   6   7   8   9   10

2. Anote no lugar certo o resultado da **tabuada** do **2**.

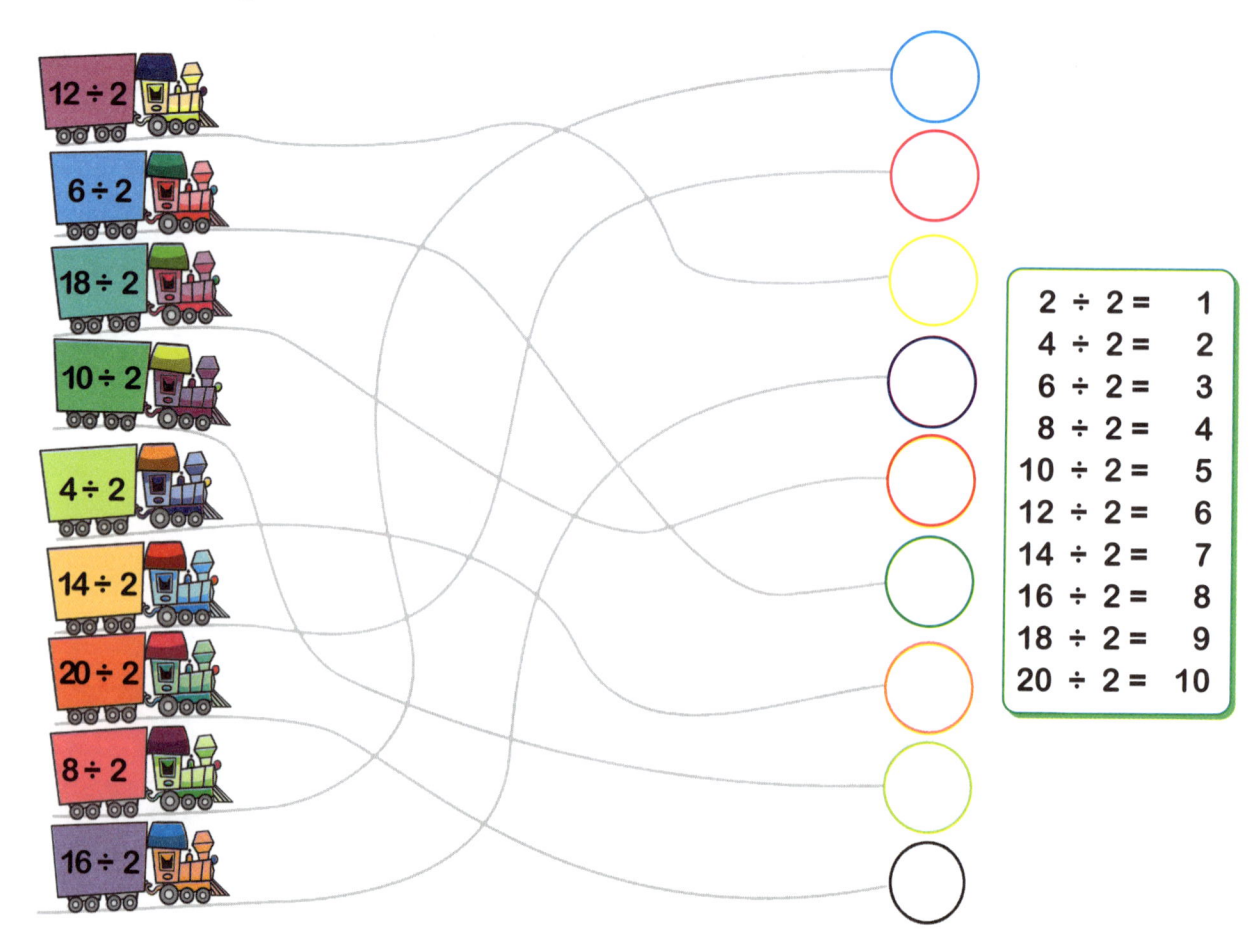

12 ÷ 2
6 ÷ 2
18 ÷ 2
10 ÷ 2
4 ÷ 2
14 ÷ 2
20 ÷ 2
8 ÷ 2
16 ÷ 2

2 ÷ 2 =	1
4 ÷ 2 =	2
6 ÷ 2 =	3
8 ÷ 2 =	4
10 ÷ 2 =	5
12 ÷ 2 =	6
14 ÷ 2 =	7
16 ÷ 2 =	8
18 ÷ 2 =	9
20 ÷ 2 =	10

3. Anote no lugar certo o resultado da **tabuada** do **3**.

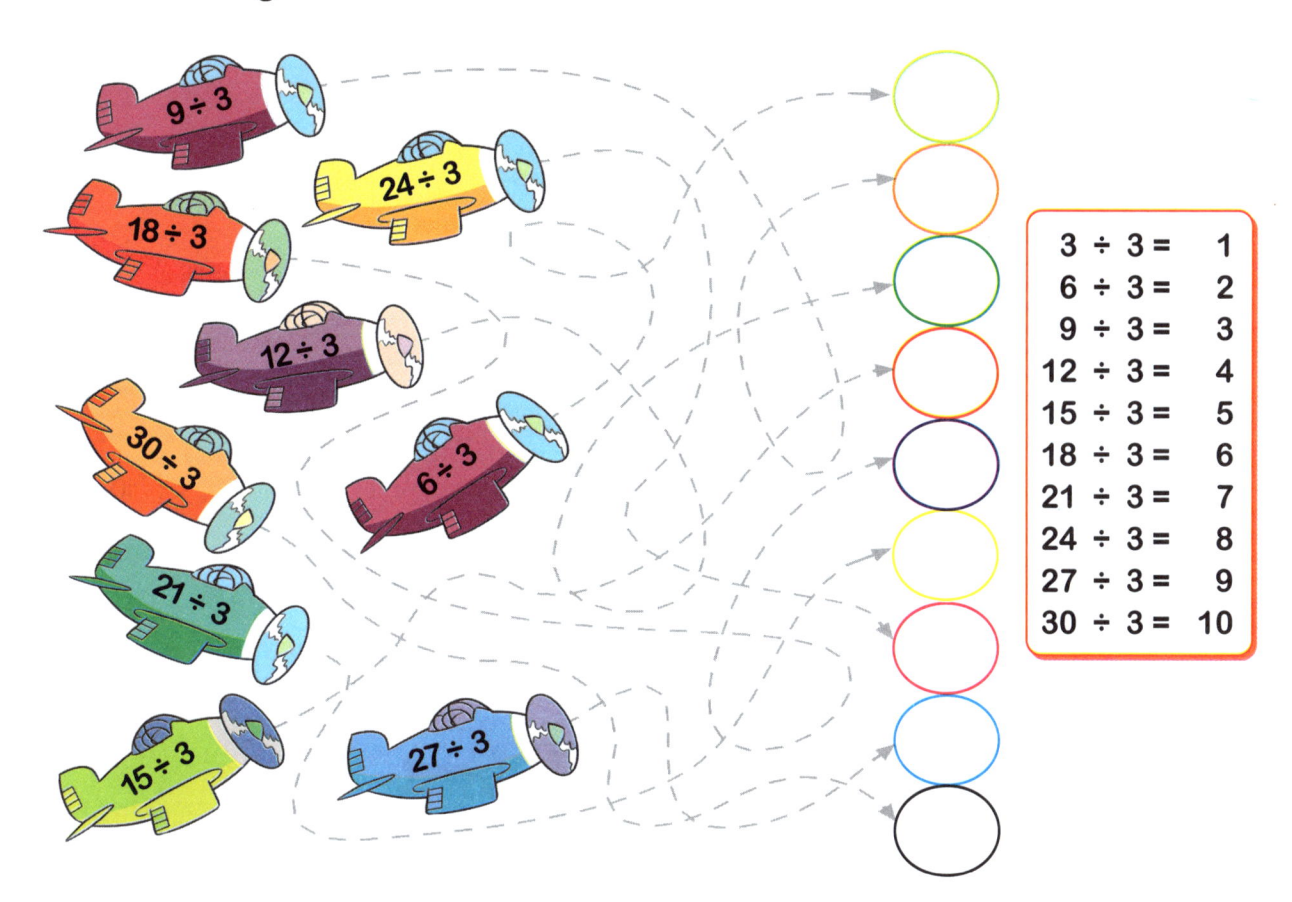

3 ÷ 3 =	1
6 ÷ 3 =	2
9 ÷ 3 =	3
12 ÷ 3 =	4
15 ÷ 3 =	5
18 ÷ 3 =	6
21 ÷ 3 =	7
24 ÷ 3 =	8
27 ÷ 3 =	9
30 ÷ 3 =	10

4. Pinte a mandala conforme o resultado da **tabuada** do **4**.

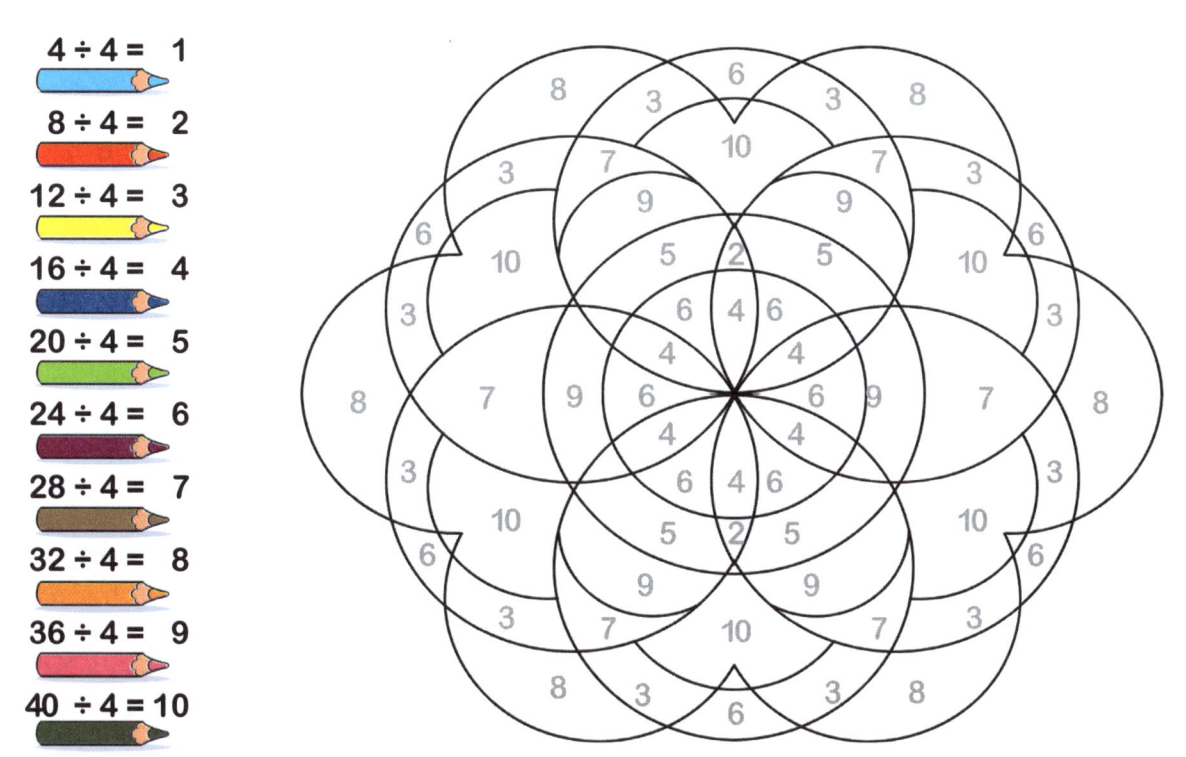

4 ÷ 4 = 1
8 ÷ 4 = 2
12 ÷ 4 = 3
16 ÷ 4 = 4
20 ÷ 4 = 5
24 ÷ 4 = 6
28 ÷ 4 = 7
32 ÷ 4 = 8
36 ÷ 4 = 9
40 ÷ 4 = 10

5. Continue a anotar os resultados da **tabuada** do **5**.

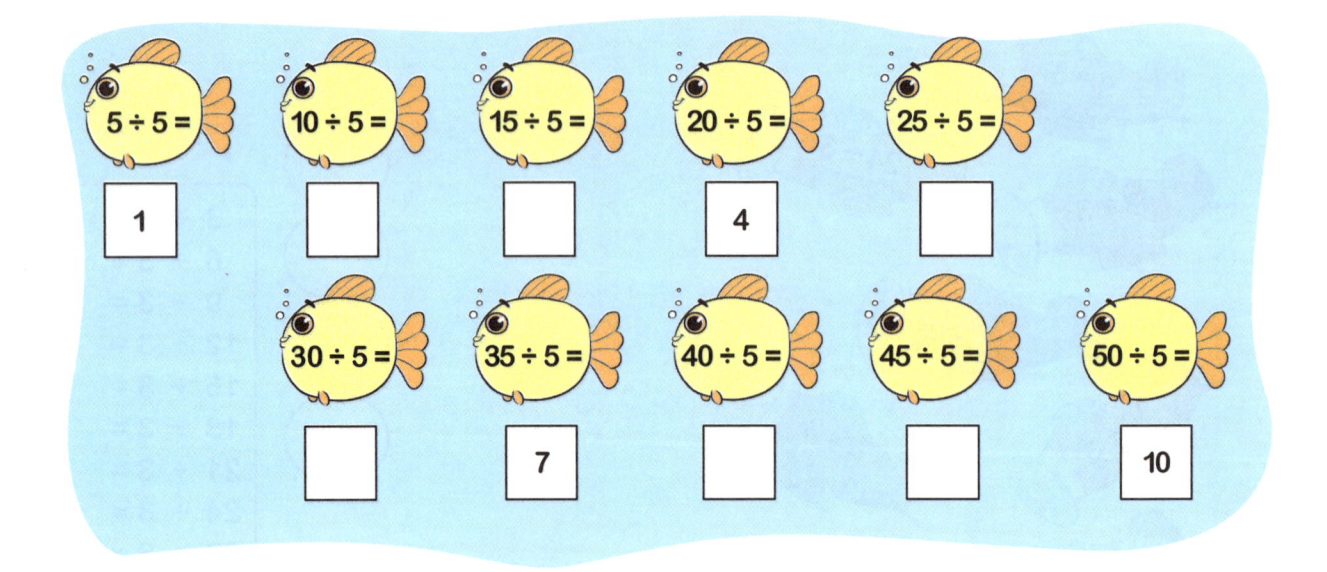

5 ÷ 5 = **1**
10 ÷ 5 = ☐
15 ÷ 5 = ☐
20 ÷ 5 = **4**
25 ÷ 5 = ☐

30 ÷ 5 = ☐
35 ÷ 5 = **7**
40 ÷ 5 = ☐
45 ÷ 5 = ☐
50 ÷ 5 = **10**

6. Ligue cada divisão da **tabuada** do **6** ao resultado certo.

4   6 ÷ 6 =
3   12 ÷ 6 =
5   18 ÷ 6 =
1   24 ÷ 6 =
2   30 ÷ 6 =

36 ÷ 6 =   9
42 ÷ 6 =   10
48 ÷ 6 =   7
54 ÷ 6 =   6
60 ÷ 6 =   8

7. Complete com os **dividendos** da **tabuada** do **7**.

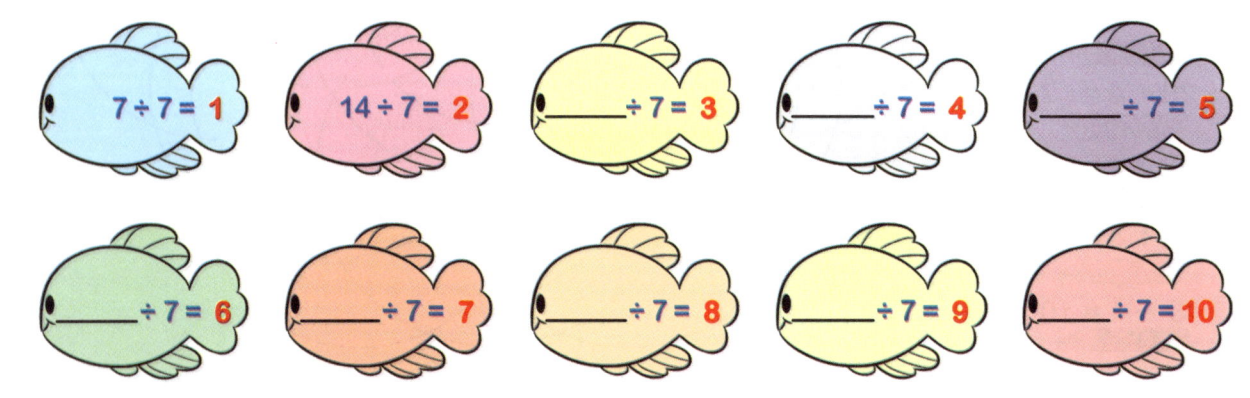

7 ÷ 7 = **1**
14 ÷ 7 = **2**
___ ÷ 7 = **3**
___ ÷ 7 = **4**
___ ÷ 7 = **5**

___ ÷ 7 = **6**
___ ÷ 7 = **7**
___ ÷ 7 = **8**
___ ÷ 7 = **9**
___ ÷ 7 = **10**

8. Complete com os resultados da **tabuada** do **8**.

8 ÷ 8	16 ÷ 8	24 ÷ 8	32 ÷ 8	40 ÷ 8	48 ÷ 8	56 ÷ 8	64 ÷ 8	72 ÷ 8	80 ÷ 10
1			4			7			

9. Pinte conforme os resultados da **tabuada** do **9**.

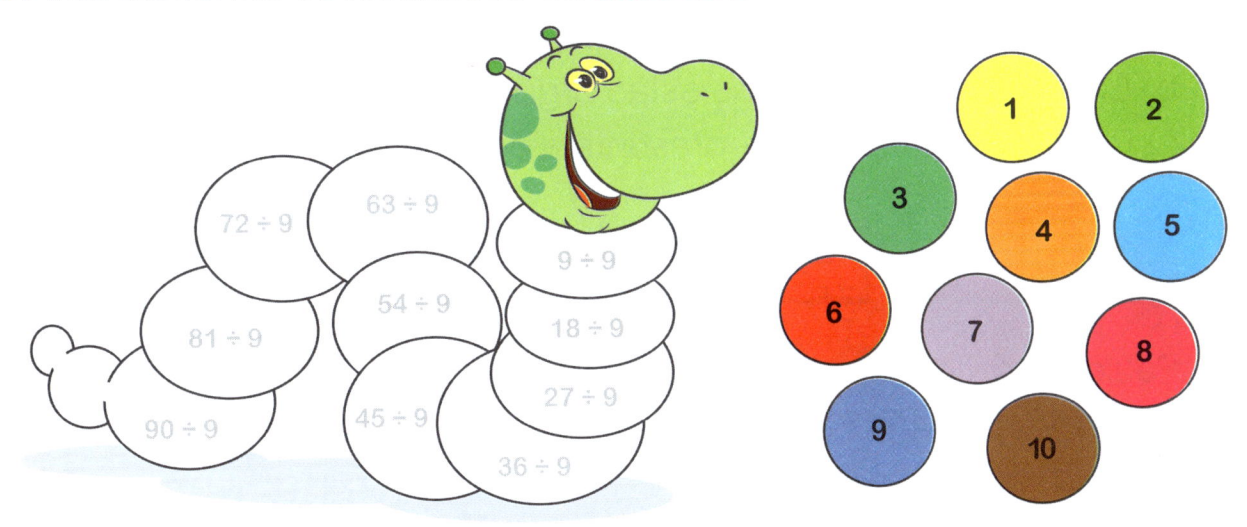

72 ÷ 9   63 ÷ 9   9 ÷ 9   54 ÷ 9   18 ÷ 9   81 ÷ 9   27 ÷ 9   45 ÷ 9   90 ÷ 9   36 ÷ 9

1   2   3   4   5   6   7   8   9   10

10. Pinte conforme os resultados da **tabuada** do **10**.

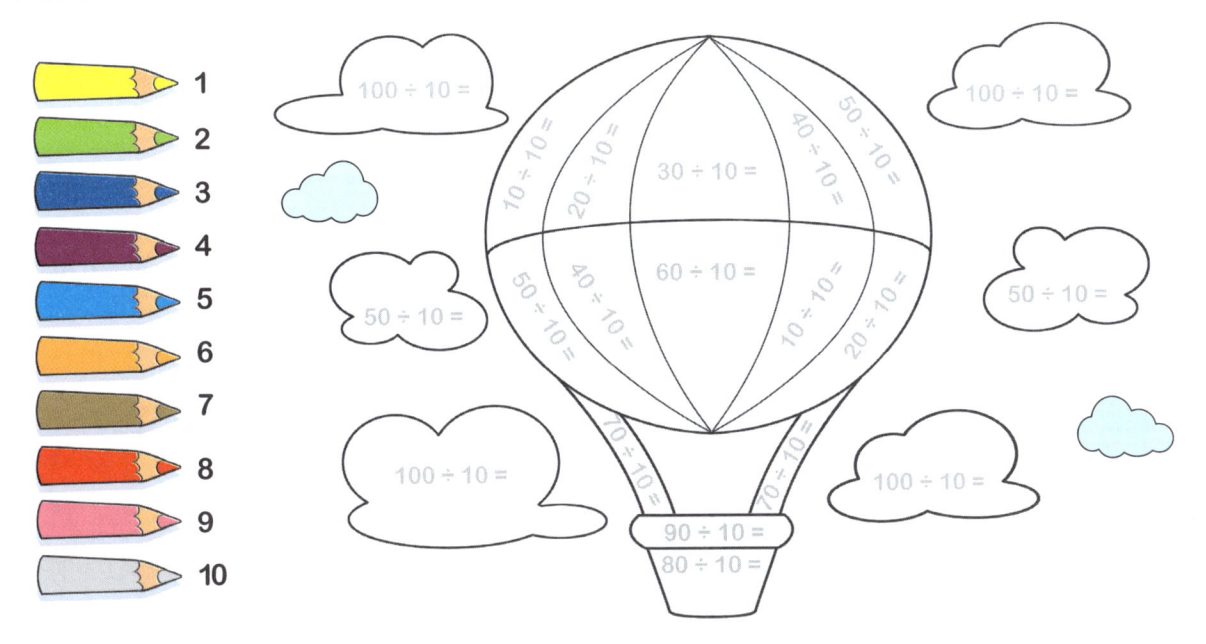

1   2   3   4   5   6   7   8   9   10

100 ÷ 10 =   100 ÷ 10 =   10 ÷ 10 =   20 ÷ 10 =   30 ÷ 10 =   40 ÷ 10 =   50 ÷ 10 =   50 ÷ 10 =   60 ÷ 10 =   40 ÷ 10 =   50 ÷ 10 =   10 ÷ 10 =   20 ÷ 10 =   50 ÷ 10 =   100 ÷ 10 =   70 ÷ 10 =   70 ÷ 10 =   100 ÷ 10 =   90 ÷ 10 =   80 ÷ 10 =

÷ DIVISÃO EXATA

1. Observe e responda.

a) No total, quantas crianças há na gangorra? _____
b) Em quantos grupos elas estão organizadas? _____
c) Pinte a sentença que representa a cena acima.

| 10 ÷ 5 = 2 | 20 ÷ 2 = 10 | 10 ÷ 2 = 5 | 10 ÷ 10 = 1 |

2. Paulo vai dividir 8 pedaços de pizza entre estas crianças. Quantos pedaços de pizza cada criança receberá?

8 | 4

3. Se para fazer um pudim, uso 2 ovos. Quantos pudins conseguirei preparar com 12 ovos?

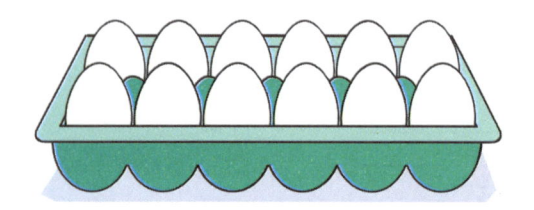

12 | 2

4. Pinte o resultado correto de cada **divisão** a seguir.

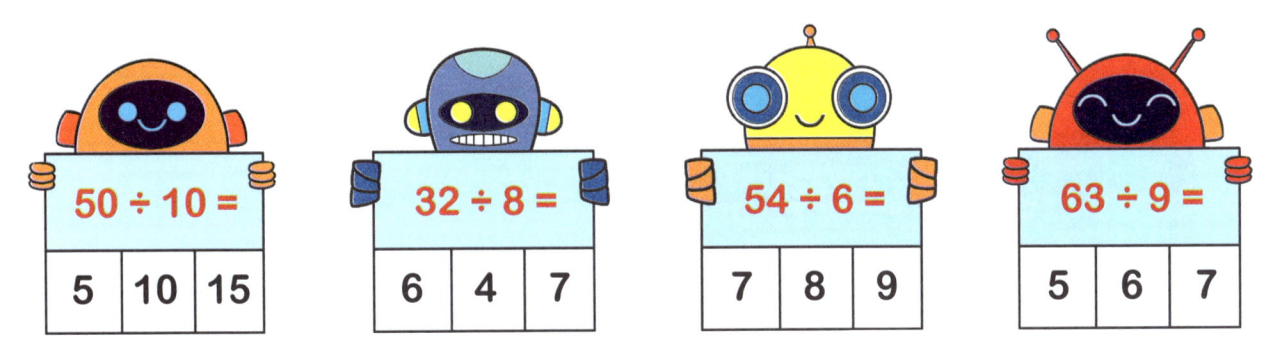

50 ÷ 10 =		
5	10	15

32 ÷ 8 =		
6	4	7

54 ÷ 6 =		
7	8	9

63 ÷ 9 =		
5	6	7

5. Mariana vai distribuir estes 18 brigadeiros em 3 bandejas. Quantos brigadeiros ela colocará em cada bandeja?

18 | 3

6. Marcela comprou 21 maçãs e as distribuiu igualmente em 3 cestos. Quantas maçãs ela colocou em cada cesto?

21 | 3

7. Hélio comprou 24 pirulitos. Sabendo que em cada pacote vem 6 pirulitos, quantos pacotes ele comprou no total?

24 | 6

8. Observe a ilustração e responda: Júlio tem duas notas de dez reais. Quantos bombons ele consegue comprar com a quantia que tem?

9. Aurora vai distribuir 28 peixinhos igualmente entre 4 aquários. Quantos peixinhos ela colocará em cada aquário?

28 | 4

10. Complete de modo que o resultado da divisão seja sempre **4**.

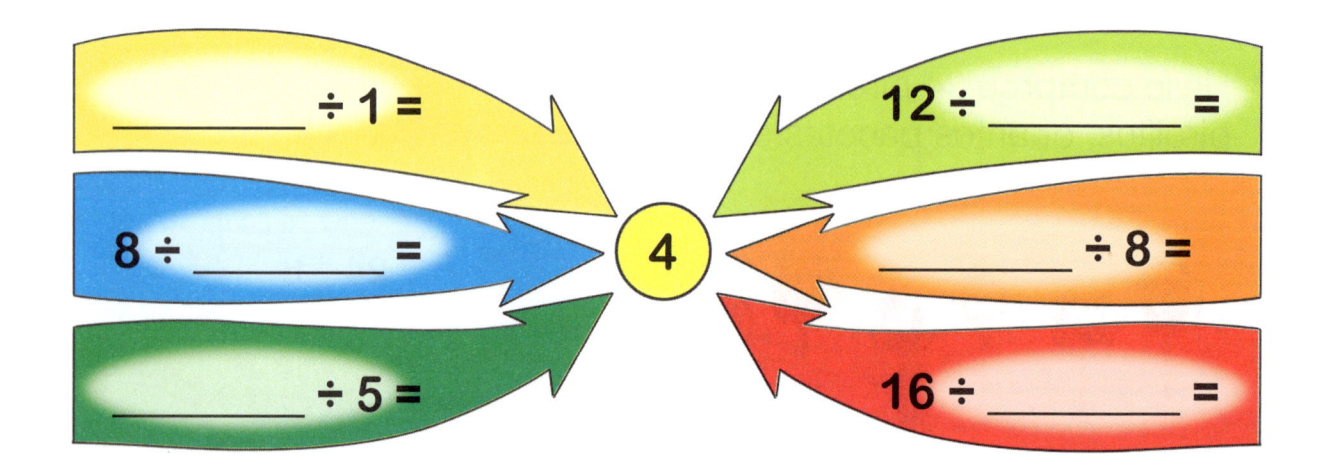

_____ ÷ 1 =

8 ÷ _____ =

_____ ÷ 5 =

12 ÷ _____ =

_____ ÷ 8 =

16 ÷ _____ =

11. Ligue cada **divisão** ao resultado correspondente.

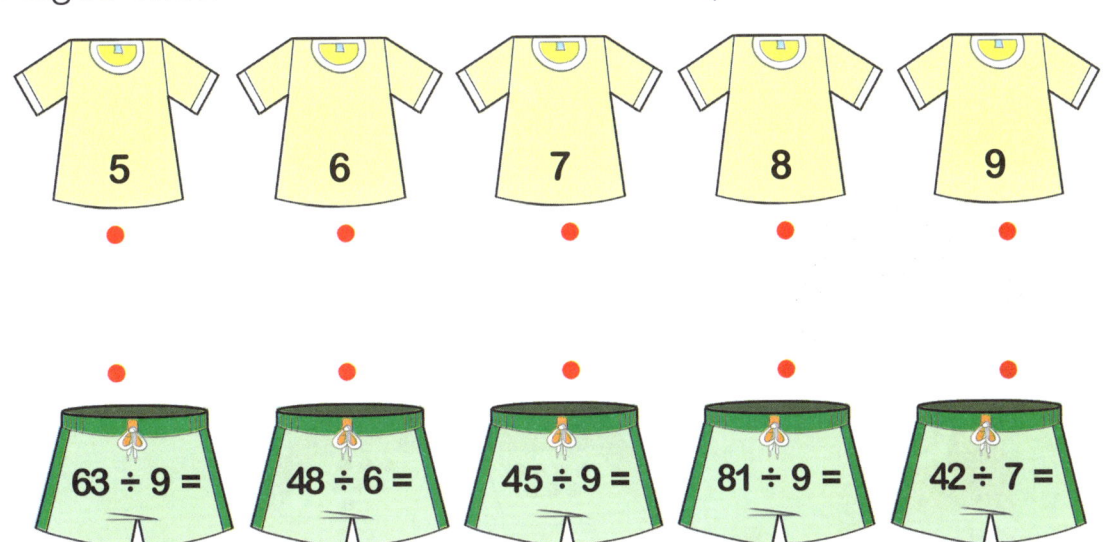

| 5 | 6 | 7 | 8 | 9 |

63 ÷ 9 =   48 ÷ 6 =   45 ÷ 9 =   81 ÷ 9 =   42 ÷ 7 =

12. Preencha os espaços em branco, realizando as **divisões** propostas tanto na vertical quanto na horizontal.

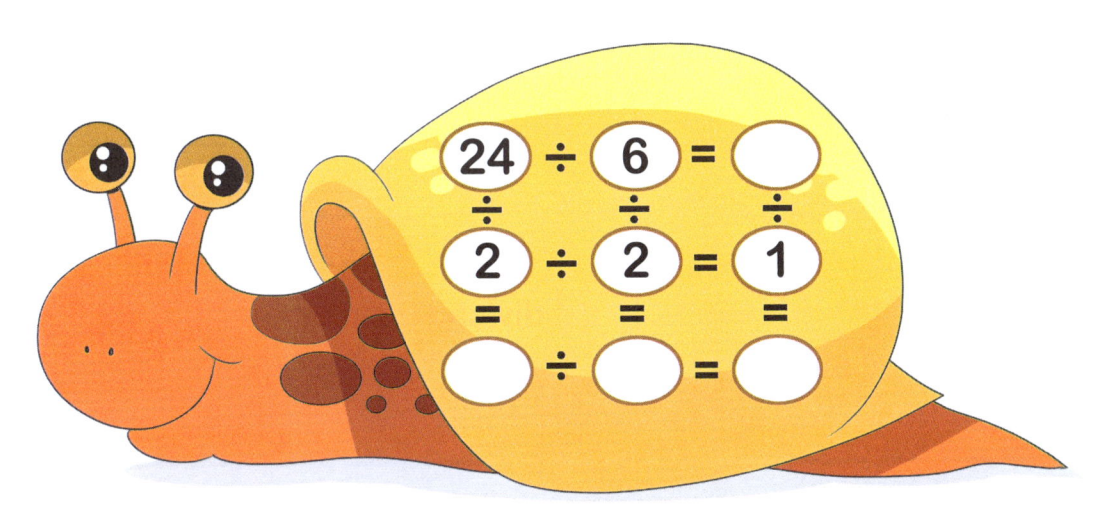

$$24 \div 6 = \square$$
$$\div \quad \div \quad \div$$
$$2 \div 2 = 1$$
$$= \quad = \quad =$$
$$\square \div \square = \square$$

13. Ênio guardou 30 fotografias em um álbum, pondo 5 delas em cada página. Quantas páginas do álbum ele usou?

30 | 5

÷ DIVISÃO INEXATA

1. Caio tinha 15 bolinhas de gude e queria organizá-las igualmente em 2 caixas. veja como ficou a **divisão**.

```
 15 | 2
-14   7
 ─── 
  01
```

a) Quantas bolinhas foram postas em cada caixa? _____

b) Sobrou alguma bolinha? Quantas? _____

> Temos acima um exemplo de **divisão inexata**.
> A divisão é **inexata** quando o resto é qualquer outro número diferente de **zero**.

2. Resolva estas **divisões** inexatas.

29 | 3

11 | 2

23 | 4

3. Para uma festa, Jane preparou 19 empadas e vai distribuí-las em 3 bandejas contendo a mesma quantidade. Quantas empadas ficarão em cada bandeja?

19 | 3

4. José vai distribuir igualmente 25 livros entre 7 crianças.

   a) Quantos livros cada criança receberá? _____

   b) Sobrará algum livro? Quantos? _____

   c) Esta **divisão** é **exata** ou **inexata**? _____

5. Beatriz tem 16 balas para repartir entre os colegas da sala. Realize as divisões e veja quantas balas cada um receberá.

SE O Nº DE COLEGAS FOR	Nº DE BALAS PARA CADA UM	SOBRA DA DIVISÃO
2		
3		
4		
5		
6		
7		
8		

6. Observe as bandejas e os copos a seguir.

a) Qual sentença representa a divisão feita acima? Pinte-a.

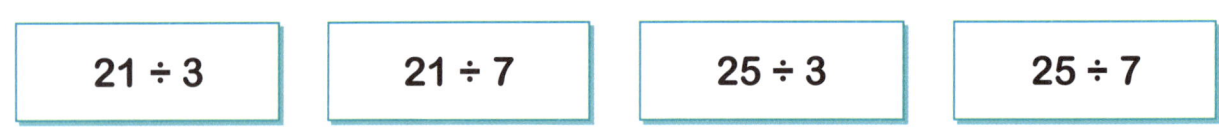

| 21 ÷ 3 | 21 ÷ 7 | 25 ÷ 3 | 25 ÷ 7 |

b) A divisão acima é **exata** ou **inexata**? Explique.

_____

_____

7. Vera vai distribuir 47 livros igualmente entre as 4 prateleiras desta estante. Quantos livros ficarão fora da estante?

47 | 4

8. Geraldo vai dividir igualmente 39 empadas em 5 bandejas. Quantas empadas sobrarão?

39 | 5

46

9. Realize as operações. Depois, marque **DE** para **divisão exata** e **DI** para **divisão inexata**.

| 77 | 3 | | 84 | 6 | | 93 | 5 |

| 41 | 3 | | 94 | 7 | | 39 | 3 |

| 65 | 3 | | 74 | 2 | | 51 | 4 |

÷ METADE DE UMA QUANTIDADE

> **Metade** significa dividir uma quantidade por **2**.

1. Qual a quantidade corresponde à **metade** destes doces? Realize a **divisão** e pinte metade dos doces.

   14 | 2

2. Na cesta destacada, há 16 maçãs. **Divida-as** em **duas partes** iguais, desenhando-as nas cestas à direita.

3. Em uma chácara, a galinha tem 8 filhotes e a pata tem **metade** desse número. Quantos filhotes tem a pata?

   8 | 2

48

4. A metade destas 10 crianças vai formar o time **A** e a outra metade, o time **B**. Quantas crianças haverá em cada grupo?

$$10 \mid 2$$

5. Abaixo, temos uma dúzia de laranjas. Circule a **metade** desta quantidade, isto é, meia dúzia de laranjas.

6. Marta tem 18 lápis de cor e Paulo, a metade desta quantidade. Quantos lápis de cor Paulo tem?

$$18 \mid 2$$

7. Continue a completar a tabela a seguir.

NÚMERO	2	4	6	8	10	12	14	16	18	20
METADE	1	2								
DOBRO	4	8								

÷ DOIS OU MAIS ALGARISMOS NO DIVIDENDO

Keila comprou uma blusa por 46 reais e vai pagar em duas parcelas iguais. De quanto será cada parcela?

```
  46 | 2
- 4↓   23
  ──
  06
-  6
  ──
   0
```

1) Note que primeiro efetuamos a divisão das dezenas: $4 \div 2 = 2$

2) Depois, abaixamos o **6** para realizar a divisão das unidades, assim: $6 \div 2 = 3$

Portanto, cada parcela que Keila pagará será de 23 reais.

1. Realize estas **divisões**.

48 | 3

75 | 3

268 | 2

2. Gabriel comprou três camisetas e gastou, ao todo, 144 reais. Quanto custou cada camiseta?

144 | 3

3. Qual é o resultado desta operação? Calcule.

618 | 6

4. Denise comprou 4 pares de sapatos com preço igual. No total, ela gastou 736 reais. Quanto custou cada par?

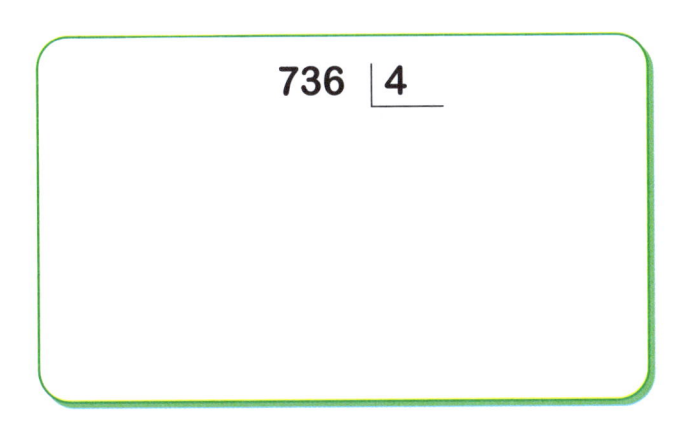

736 | 4

5. Rute tem 168 mudas para plantar em 8 canteiros de um sítio. Quantas mudas serão plantadas em cada canteiro?

168 | 8

÷ DOIS OU MAIS ALGARISMOS NO DIVISOR

Para **divisões** com dois ou mais algarismos no divisor, selecione no dividendo a mesma quantidade de algarismos que há no divisor, como nos exemplos **A** e **B** a seguir.

A
```
  70 |23
- 69  3
  ‾‾
  01
```

B
```
  742 |14
-  70  53
   ‾‾
   42
-  42
   ‾‾
   00
```

C
```
  1134 |14
-  112  81
   ‾‾‾
    14
-   14
    ‾‾
     0
```

Se os números do dividendo forem menores que os do divisor, é preciso adicionar o algarismo da próxima casa, como no exemplo **C**. Note que 11 é menor do que 14, por isso, foi preciso agregar o número 3 da casa à direita, ficando, portanto, a primeira divisão 113 dividido por 14, pois não era possível dividir 11 por 14.

1. Carla está lendo 12 páginas por dia de um livro de 372 páginas. Quantos dias ela levará para ler o livro inteiro?

```
372 |12
```

2. Em uma fazenda, foram colhidas 744 laranjas que serão distribuídas igualmente entre 31 caixas. Quantas laranjas serão colocadas em cada caixa?

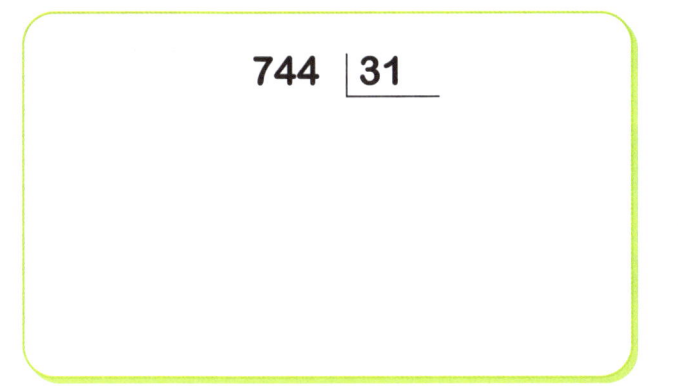

$$744 \mid \underline{31}$$

3. Em uma granja, há 792 ovos que serão embalados em caixas com capacidade para 12 ovos cada. Quantas caixas serão necessárias ao todo?

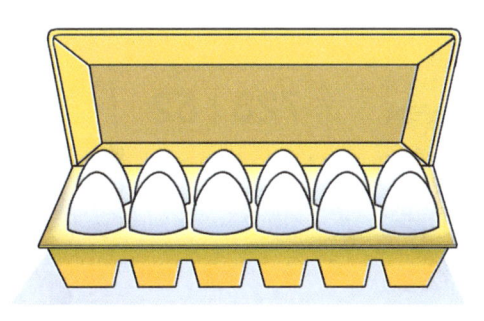

$$792 \mid \underline{12}$$

4. Observe o preço de venda desta bicicleta e calcule o valor de cada prestação para venda a prazo.

SE O NÚMERO DE PRESTAÇÕES FOR	VALOR DA PRESTAÇÃO EM REAIS
6	
12	
24	
36	

648 reais

5. Realize as **divisões**. Depois, pinte cada fruta na árvore da mesma cor da operação correspondente.

512 ÷ 32   616 ÷ 44   780 ÷ 65   676 ÷ 52

6. Realize esta **divisão** e circule o resultado correspondente.

728 | 52

13   14   15   16

7. Faça o cálculo. Depois, circule o resultado desta **divisão**.

975 ÷ 39 =

14   25   34   54

8. Ligue cada quociente à **divisão** correspondente.

- 32
- 12
- 57
- 14

- 312 ÷ 26
- 868 ÷ 62
- 832 ÷ 26
- 741 ÷ 13

9. Faça como no exemplo: efetue a **divisão**, tomando no dividendo a mesma quantidade de algarismos do divisor.

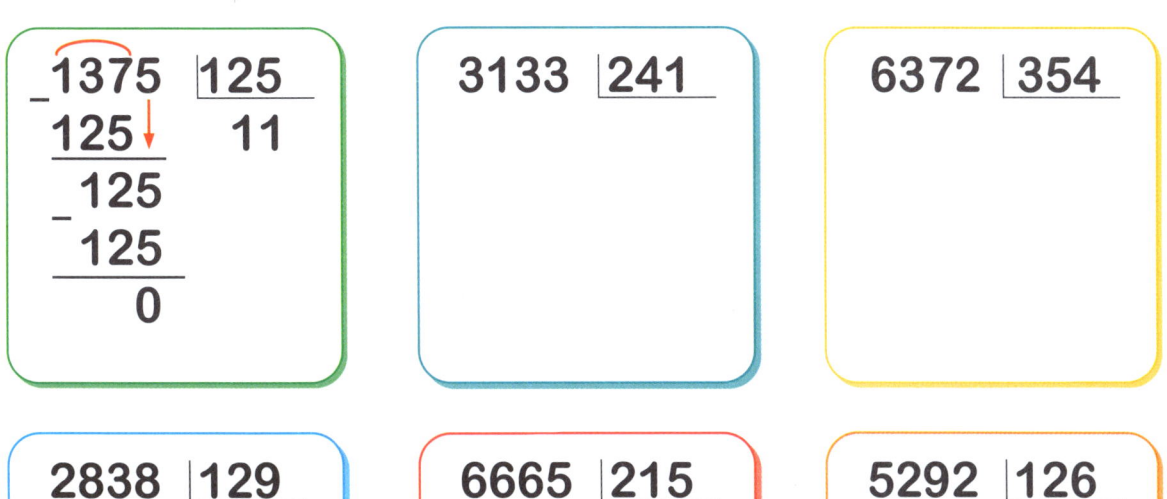

```
 _1375 |125_
  125↓  11
  _125
   125
   ___
     0
```

3133 |241

6372 |354

2838 |129

6665 |215

5292 |126

÷ PARTILHA EM PARTES DESIGUAIS

1. Em uma caixa, há 20 bombons. Destes, 2 partes são de cereja e 3 partes são de morango. Quantos são os bombons de cada sabor?

   Bombons de cereja: _____

   Bombons de morango: _____

2. Joaquim tem 40 figurinhas repetidas e vai distribuí-las para suas irmãs menores. Júlia, a caçula, receberá o triplo de Julieta, a irmã do meio. Quantas figurinhas cada uma receberá?

   Júlia: _____ figurinhas

   Julieta: _____ figurinhas

3. Teresa comprou 1 kg de banana e 1 kg de pera no mercado e gastou 28 reais. O preço da pera era o triplo do preço da banana. Quanto Teresa pagou no quilo de cada fruta?

   Banana: _____ reais

   Pera: _____ reais

4. Diego estuda em tempo integral e Diogo, seu irmão, apenas no período da manhã. Diego leva para a escola o dobro de dinheiro que o irmão. Hoje cedo, a mãe deles disponibilizou 60 reais. Destes, quantos reais cada um deles recebeu?

Diogo: _____ reais

Diego: _____ reais

5. Uma escola recebeu 44 livros para dividir entre os alunos da Educação Infantil e do 1º ano do Ensino Fundamental. O 1º ano tem o triplo de alunos. Quantos livros cada turma receberá?

Educação Infantil: _____

Primeiro ano: _____

6. Sandra e Leila são irmãs. Elas compraram um bolo por 90 reais. Sandra contribuiu com o dobro da quantia de Leila. Com quantos reais cada uma participou da compra do bolo?

Sandra: _____ reais

Leila: _____ reais

TIRANDO A PROVA REAL

Para confirmar se uma conta está certa, podemos tirar a **prova real**, efetuando a **operação inversa**.

MULTIPLICAÇÃO

```
   12
 ×  4
 ----
   48
```

PROVA REAL

```
  48 | 4
 - 4   12
 ----
   08
 -  8
 ----
    0
```

DIVISÃO

```
  126 | 2
 - 12   63
 ----
   006
 -   6
 ----
     0
```

PROVA REAL

```
   63
 ×  2
 ----
  126
```

A **multiplicação** e a **divisão** são operações inversas entre si.

1. Efetue cada operação e tire a prova real usando a operação inversa.

A)
```
  313
 ×  3
 ----
```
PROVA REAL

B)
```
 248 | 4
```
PROVA REAL

C)
```
  167
 ×  4
 ----
```
PROVA REAL

D)
```
 216 | 18
```
PROVA REAL

2. Para tirar a prova real, leia o exemplo e faça o mesmo.

a) Qual é o dividendo? Divisor 4, quociente 42 e resto 1.

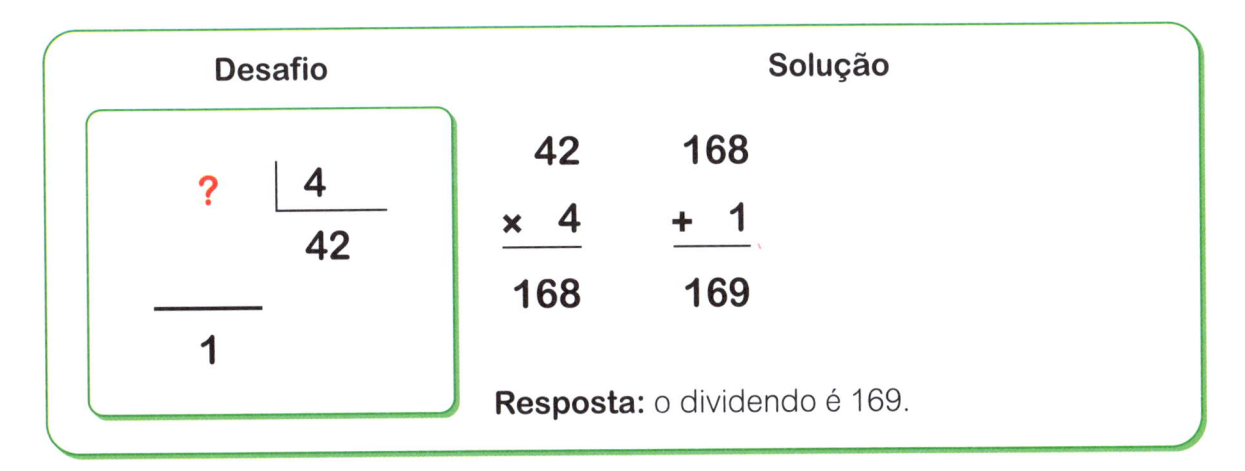

Desafio

? | 4
42
___
1

Solução

42 × 4 = 168

168 + 1 = 169

Resposta: o dividendo é 169.

b) Qual é o dividendo? Divisor 3, quociente 115 e resto 3.

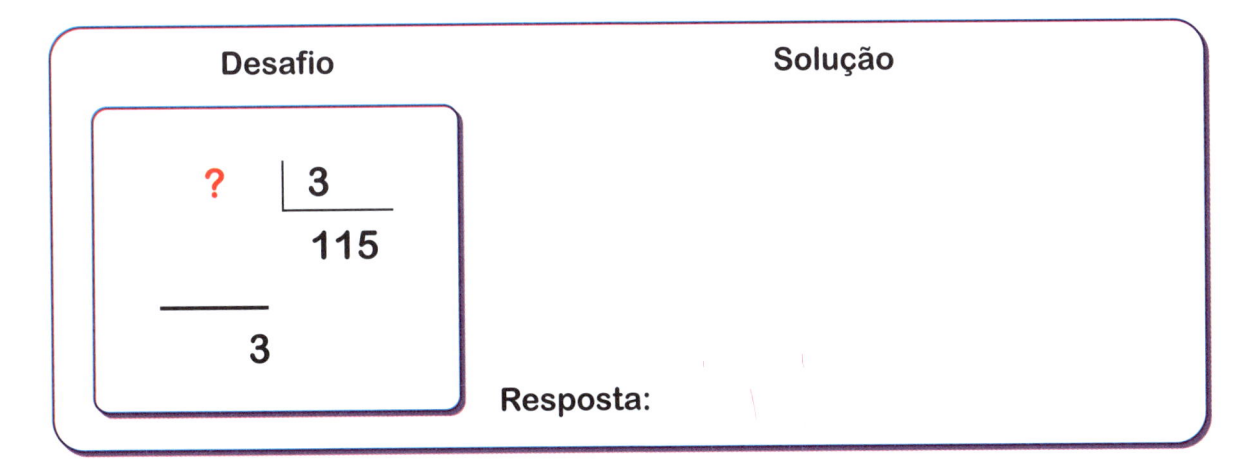

Desafio

? | 3
115
___
3

Solução

Resposta:

c) Qual é o dividendo? Divisor 4, quociente 123 e resto 3.

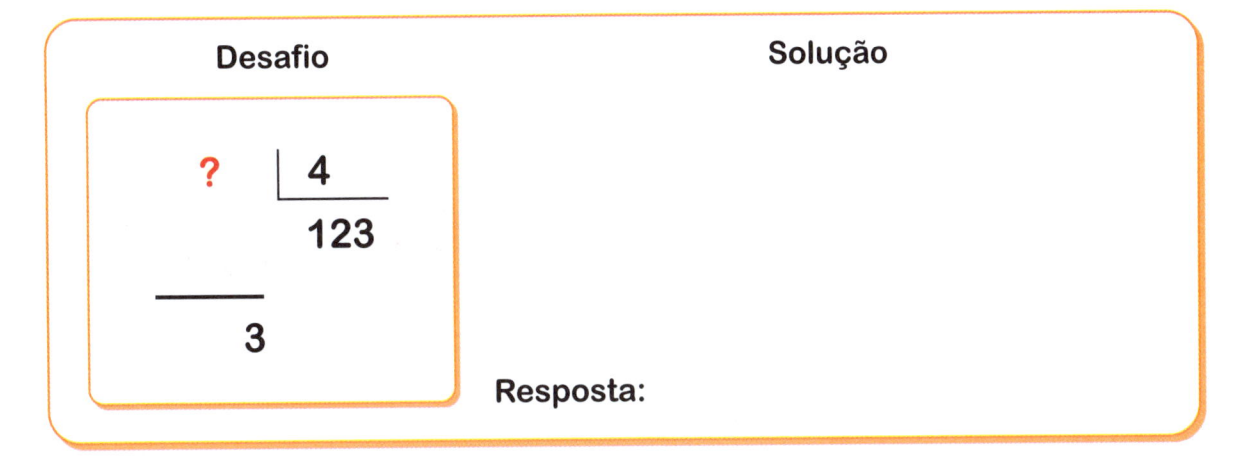

Desafio

? | 4
123
___
3

Solução

Resposta:

REVENDO O QUE APRENDI

1. Leve o macaco às bananas, efetuando as **divisões** até obter o número de bananas como resultado final.

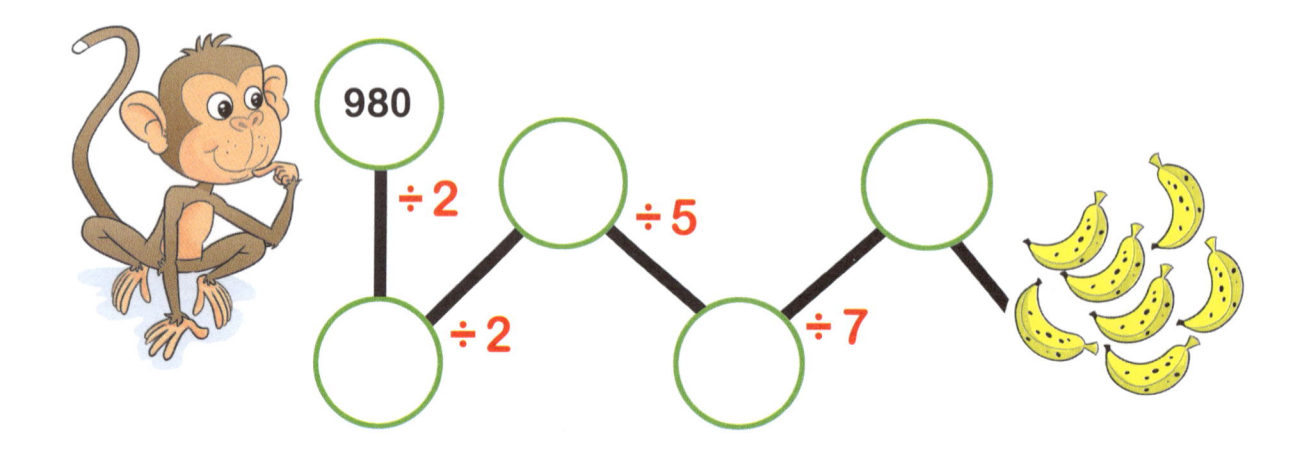

980 ÷ 2 → ÷ 2 → ÷ 5 → ÷ 7 → bananas

2. Circule em cada fruta as sentenças correspondentes ao resultado que aparece na folha.

24
- 7 × 3
- 8 × 3
- 6 × 4
- 3 × 6
- 2 × 5

12
- 3 × 4
- 4 × 5
- 7 × 2
- 2 × 6
- 4 × 4

40
- 5 × 8
- 9 × 5
- 8 × 5
- 8 × 7
- 10 × 4

36
- 4 × 8
- 9 × 4
- 7 × 5
- 6 × 7
- 6 × 6

3. Em um sítio, 348 ameixas foram distribuídas em caixas com 12 frutas em cada. No total, quantas caixas foram usadas?

4. Realize as **divisões** em uma folha à parte. Depois, ligue cada operação ao resultado correspondente.

84 ÷ 3 =   96 ÷ 6 =   285 ÷ 15 =   255 ÷ 17 =

19   15   16   28

5. O automóvel de Thiago faz 9 quilômetros por litro de gasolina. Thiago fará uma viagem com percurso total de 162 quilômetros, ida e volta.

   a) De quantos litros de gasolina Thiago precisará para realizar esse percurso?

   ☐ 9 litros   ☐ 18 litros   ☐ 28 litros   ☐ 81 litros

   b) Se o litro da gasolina custa 7 reais, quanto Thiago gastará com combustível?

   ☐ 18 reais   ☐ 26 reais   ☐ 126 reais   ☐ 972 reais

6. Leve o sapo à lagoa pintando apenas as pedras que contêm os resultados da tabuada do 8 (**multiplicação**).

15, 32, 40, 66, 74, 64, 8, 24, 48, 56, 72, 80, 16, 54, 82, 39, 46, 78

7. Para resolver este desafio, use a operação inversa. Depois, anote o valor correspondente a cada flor.

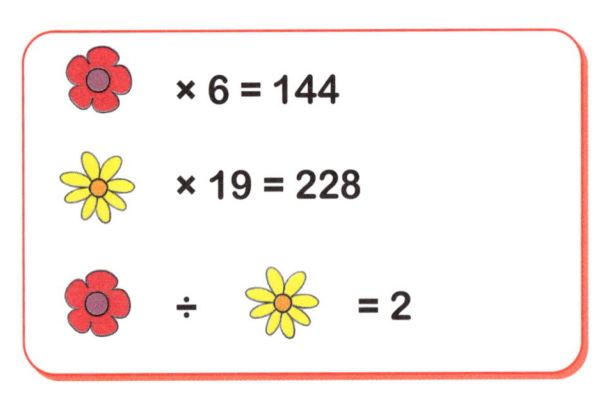

🌺 × 6 = 144

🌼 × 19 = 228

🌺 ÷ 🌼 = 2

🌺 =

🌼 =

8. Edson e Flávia fizeram uma viagem de ônibus que durou 72 horas. Quantos dias durou a viagem?

☐ 4 dias
☐ 2 dias
☐ 3 dias
☐ 5 dias

9. Rita tem um aquário com 7 peixes. Sara tem o **triplo** de peixes. Quantos peixes há no aquário de Sara?

10. Decifre o enigma e dê o valor de cada fruta.

🍎 × 6 = 54

72 ÷ 🍎 = 8

🍎 =

🍐 × 7 = 56

80 ÷ 🍐 = 10

🍐 =

🍓 × 9 = 36

60 ÷ 🍓 = 15

🍓 =

🍌 × 8 = 40

45 ÷ 🍌 = 9

🍌 =

11. Decifre e circule o número oculto em cada operação.

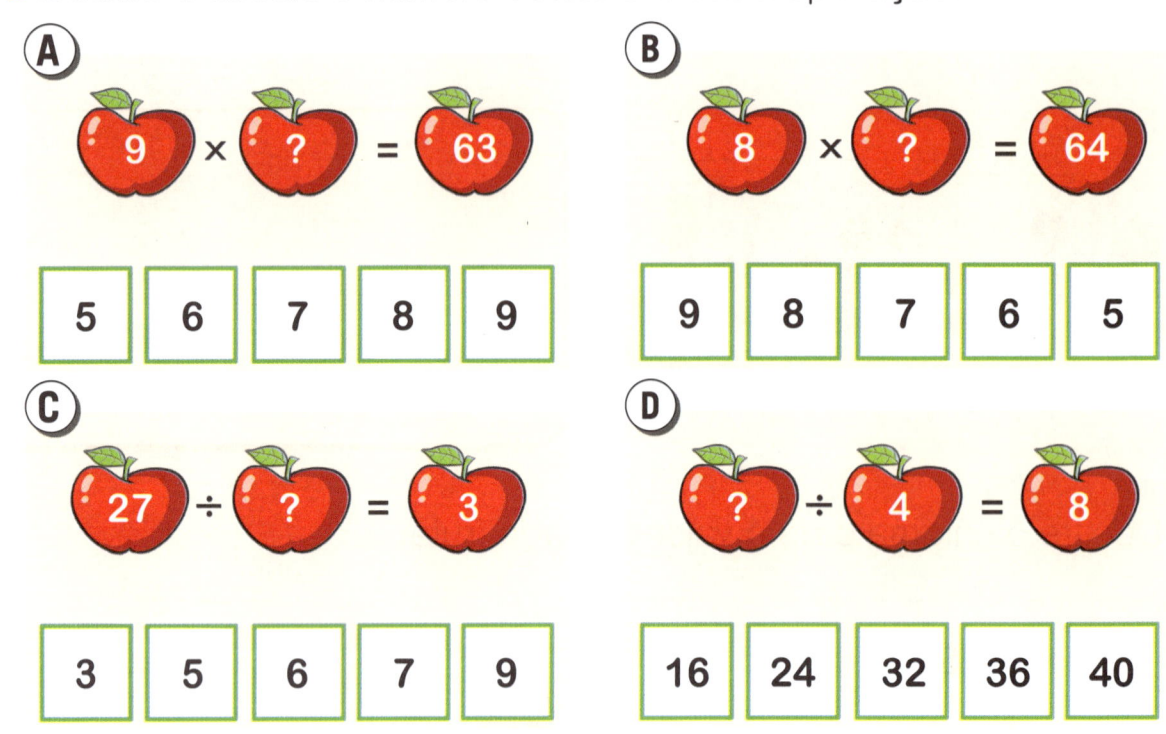

A) 9 × ? = 63

| 5 | 6 | 7 | 8 | 9 |

B) 8 × ? = 64

| 9 | 8 | 7 | 6 | 5 |

C) 27 ÷ ? = 3

| 3 | 5 | 6 | 7 | 9 |

D) ? ÷ 4 = 8

| 16 | 24 | 32 | 36 | 40 |

12. Mamãe aranha capturou, em sua teia, 17 mosquitos para alimentar igualmente 5 filhotes que acabaram de nascer.

a) Quantos mosquitos cada aranha filhote comerá?
_____

b) Quantos mosquitos sobrarão?
_____